AMRA

Sam
Osmanagich

LICHT AUF DIE VERGANGENHEIT

Channelmedien enthüllen die wahren Ursprünge prähistorischer Anlagen

Zusammengestellt
von Peggy Sue Skipper

Aus dem Amerikanischen von
Sabina Trooger & Vincenzo Benestante

AMRA

Brandheiße Infos finden Sie regelmäßig auf:
www.facebook.com/AMRAVerlag

Besuchen Sie uns im Internet:
www.AmraVerlag.de

Amerikanische Originalausgabe:
Ancient History From Beyond the Veil.
An Akashic Records Experiment

2019 erstmals Deutsch im AMRA Verlag
Auf der Reitbahn 8, D-63452 Hanau
Hotline: + 49 (0) 61 81 – 18 93 92
Service: Info@AmraVerlag.de

Herausgeber & Lektor	Michael Nagula
Einbandgestaltung	Guter Punkt
Satz & Layout	Birgit Letsch
Druck	CPI books GmbH

ISBN Printausgabe 978-3-95447-203-1
ISBN eBook 978-3-95447-204-8

All den Neugierigen gewidmet,
die keine Angst davor haben, unbequeme Fragen
über den Status Quo zu stellen …

Peggy Sue Skipper
Dr. Sam Osmanagich

Inhalt

Ein paar Worte vorab

Ich lernte Dr. Sam Osmanagich bereits vor beinahe zehn Jahren kennen. Eine meiner Freundinnen studierte die Akasha-Chroniken und lud eine Gruppe ein, zusammenzukommen und ihr beim »Deuten« der Chroniken zu helfen. Es waren etwa zehn Leute im Raum, und ich kannte jeden – außer »Dr. Sam« Osmanagich. Er war von meiner Freundin und Geschäftspartnerin Rita Mills eingeladen worden.

Statt Antworten auf Fragen über sich selbst channeln zu lassen, stellte Dr. Sam Fragen über Pyramiden: Wer hat sie gebaut? Warum? Und wann? Diese Fragen faszinierten ihn offensichtlich, denn er fing sofort an, mit uns über ein Experiment zu sprechen, an dem mehrere Medien beteiligt sein sollten. Das war der Auftakt zu diesem Buch.

Ein halbes Jahr später reiste ich nach Bosnien, um das von ihm entdeckte Tal der Pyramiden zu besichtigen. Die Experimente hatten bereits stattgefunden, und ich war gerade dabei, dem Buch den letzten Schliff zu geben, und so fühlte ich mich mit dem Projekt eng verbunden. Die Reise überzeugte mich von der großen Bedeutung seiner Entdeckung. Etwas enorm Wichtiges liegt in Bosnien, und ich glaube fest daran, dass die kontinuierliche Ausgrabung der Anlage mehr und mehr über unsere kollektive, urzeitliche Vergangenheit aufdecken wird – und dass diese Informationen unsere Zukunft verändern werden.

Das vorliegende Buch ist besonders wichtig, weil es sich bemüht, eine Brücke zwischen Wissenschaft und Spiritualität zu schlagen. Bei denjenigen unter uns, die in die metaphysische

Arena eingestiegen sind, handelt es sich letzten Endes um Menschen, die Fragen über den Status Quo der Wissenschaft, Religion, Geschichte, Gesundheit und/oder Heilung stellen. Diese Fragen treiben uns dazu, Antworten außerhalb unseres gegenwärtigen, allgemein akzeptierten Bezugsrahmens des Wissens zu suchen.

Peggy Sue Skipper

Frühjahr 2018

TEIL 1

DAS AKASHA-EXPERIMENT

Eine Idee wird geboren

Die Welt ist flach!
Der Mensch kann nicht fliegen!
Die Pyramiden wurden von primitiven Menschen gebaut …

Im Rückblick wissen wir, dass die ersten beiden Aussagen, die lange Zeit als unverrückbare Tatsachen galten, schlicht falsch waren.

Es war nicht die Wissenschaft per se, die schließlich bewies, dass die Welt rund ist, es waren geografische Erkundungen und Experimente. Die irrige Auffassung der Wissenschaft wurde von Menschen widerlegt, die willens waren, unbekannte Gebiete zu betreten, sich Spott auszuliefern und sogar ihr Leben zu riskieren, denn die generell verbreitete Ansicht zu ihrer Zeit war, dass man am Horizont vom Rand der Erde ins Nichts hinabstürzen würde.

In ähnlicher Weise stritten sowohl die Wissenschaft als auch die allgemeine Bevölkerung ab, dass der Mensch fliegen könnte – bis es eines Tages dennoch geschah. Auch dies wurde durch Menschen bewiesen, die ihr Leben und ihr Ansehen dafür riskierten. Ich kann mir nicht einmal annähernd vorstellen, welchen Spott einige dieser Pioniere einstecken mussten.

Es gibt viele derartige Beispiele. Als Spezies akzeptieren wir im Allgemeinen neue Ideen und Konzepte nur zögernd und es fällt uns schwer, ihr weitreichendes Potenzial zu erkennen. Selbst nachdem bewiesen worden war, dass der Mensch doch fliegen kann, sah die Mehrheit der Menschen keinen persönlichen Vorteil darin und verschwendete keinen Gedanken mehr daran. Alle waren mit ihrem Alltag beschäftigt, und nur sehr wenige konnten in die ferne Zukunft schauen und dort den Londoner Flughafen Heathrow erblicken. Die meisten dachten zu dieser Zeit sogar, Fliegen sei etwas, das der Mensch nicht tun sollte. Dasselbe hatten sie früher über das Automobil gedacht. »Holt euch doch ein Pferd!«, riefen sie und glaubten fest daran, dass sich diese neue Torheit bald legen würde.

Die Zeit verändert tatsächlich die Ansichten, oder etwa nicht?

Mutige Pioniere leiteten diese Veränderungen ein.

Die Konzepte und Ideen, die im vorliegenden Buch dargelegt werden – und sogar die Methode der Informationsbeschaffung – liegen für viele außerhalb des Normalbereichs. Dr. Sam ist ein Pionier, und er ist bereit, das Risiko einzugehen, auch jenseits der Wissenschaft nach Informationen zu suchen.

Der Zweck dieses Buches ist es, uralte archäologische Anlagen – mit Schwerpunkt auf Dr. Sams Entdeckung, den Pyramiden von Bosnien – aus einer neuen Perspektive zu untersuchen. Die Wissenschaft hat einfach keine Antworten auf viele Fragen hinsichtlich dieser Phänomene, wie zum Beispiel:

1. Wer hat diese Anlagen gebaut?
2. Wann wurden sie gebaut?
3. Warum wurden sie gebaut?
4. Sind sie heute noch von Bedeutung?
5. Warum ist der Fund der Pyramiden von Bosnien so wichtig?

Könnten die Akasha-Chroniken diese Fragen vielleicht beantworten? Das vorliegende Buch entstand, weil ein Wissenschaftler viele der gegenwärtig akzeptierten wissenschaftlichen Methoden ausgeschöpft hatte und die Entscheidung traf, außerhalb der Norm – jenseits des Schleiers – nach Antworten zu suchen.

Semir »Dr. Sam« Osmanagich

Ein Mann folgt seiner Bestimmung

Im Jahr 2005 war Semir Osmanagich fünfundvierzig Jahre alt und Besitzer einer erfolgreichen Firma. Er hatte eine große Leidenschaft für Archäologie und ging dieser Passion nach, so oft er irgend konnte. Er hatte uralte Anlagen überall auf der ganzen Welt besucht, und als er eine Pyramide direkt vor seiner Nase in seiner Heimat Bosnien entdeckte, wurde seine Leidenschaft zum Lebenssinn.

Jener schicksalhafte Tag begann damit, dass Dr. Sam und seine Freunde Jovan und Bojan das Museum für örtliche Geschichte im bosnischen Visoko besuchten. Senad Hodovic, der Direktor des Museums, hieß sie wärmstens willkommen und führte sie auf den Gipfel des nahe gelegenen Visočica-Hügels, um ihnen die Überreste steinerner Mauern zu zeigen, wo einst die mittelalterliche Stadt Visoki gelegen hatte, der das moderne Visoko unten im Tal seinen Namen verdankt.

Professor Hodovic freute sich sehr darüber, ein Publikum für sein umfangreiches Wissen über das mittelalterliche Bosnien zu haben. Er überhäufte die Gruppe völlig begeistert mit Informationen über drei ehemalige königliche Hauptstädte in der

Umgebung. Der Professor erwähnte auch, dass der Visoči-ca-Hügel wegen seiner natürlichen, pyramidenförmigen Gestalt besonders interessant sei.

Das war der Augenblick, in dem das Schicksal seine Hand nach Semir Osmanagich ausstreckte. Dr. Sam wusste, dass die Natur keine regulären, symmetrischen Formen hervorbringt. Zwar hätte allein die Größe des Hügels – er ist 220 Meter hoch – die meisten Menschen davon überzeugt, dass dies tatsächlich eine natürliche Formation sein musste. Aber die meisten Menschen haben nicht den Großteil ihres Lebens damit verbracht, Pyramiden zu erforschen. Mit Hilfe seines Kompasses stellte Dr. Sam sofort fest, dass die dreieckigen Seiten des »Hügels« mit den Haupthimmelsrichtungen Nord-Süd und Ost-West übereinstimmten. Dies ist eine gemeinsame Eigenschaft aller Pyramiden auf der Welt.

Seit jener Kompassmessung hegte Dr. Sam keinen Zweifel mehr an der Validität der bosnischen Pyramiden.

Das Schicksal hatte in sein Leben eingegriffen! Und es sollte dafür sorgen, dass ihm und allen Menschen in seinem Umfeld eine aufregende Zeit bevorstand!

In dem Moment, als Dr. Sam begriff, dass sie auf dem Gipfel einer Pyramide standen, wurde der »Geschichtsunterricht« über das Mittelalter für ihn zu einem weit entfernten Flüstern, denn Dr. Sams Bewusstsein reichte viel *weiter* in die Vergangenheit zurück – nämlich bis zum Bau der Pyramiden von Bosnien!

Von ihrem Standpunkt aus hatte die Gruppe einen guten Blick auf den tiefer gelegenen Plješevica-Hügel unterhalb von Visočica. Er ist fast komplett mit Wäldern bedeckt und weist drei Seiten auf, die regulären, dreieckigen Flächen von jeweils gleicher Größe ähneln. Die beiden Hügel – oder Bauwerke – bilden einen Haupteingang zum fruchtbaren Tal von Visoko, und jeder, der aus dem Norden oder Westen dorthin reist, muss zwischen diesen beiden Hügeln hindurch.

Der Anblick der beiden symmetrischen Hügel erinnerte Dr. Sam an mehrere archäologische Anlagen in Nord- und Südamerika: Huaca del Sol und Huaca de la Luna, die Pyramiden der Sonne und des Mondes.

Dr. Sam unterbrach den Gesichtsunterricht über Bosnien mit folgender Äußerung:

Wissen Sie, meine Herren, dass wir auf dem Gipfel der höchsten Pyramide der Welt stehen, nämlich der bosnischen Pyramide der Sonne, und dass auf der anderen Seite des Tals die bosnische Pyramide des Mondes liegt?

Osmanagich bat die anderen, den Hügel hinabzusteigen. Dort holte er ein Exemplar eines Buches hervor. Es handelte sich um *Civilizations Before the Beginning of History*, das er bereits vor langer Zeit im Selbstverlag veröffentlicht hatte. Er wollte ihnen ein Foto der Sonnenpyramide in Teotihuacán in Mexiko zeigen. Er schlug die Seite auf, auf der das Foto einer mexikanischen Pyramide abgebildet war, und hielt das Bild hoch, um die Form des Bauwerks mit der des »Hügels« zu vergleichen.

Das Design schien dasselbe zu sein. Nicht nur glichen sich die Formen, auch die Gipfel stimmten miteinander überein: Das Plateau oben auf der mexikanischen Pyramide war mit dem auf dem Hügel von Visočica identisch.

Dr. Sams Bestimmung verdichtete sich in diesem Moment des Vergleichens. Wie erwähnt, hatte er sein ganzes bisheriges Leben damit verbracht, Pyramiden und andere antike Anlagen überall auf der Welt zu studieren. Er hegte keinen Zweifel daran, jetzt eine Pyramide hier in seiner eigenen Heimat Bosnien entdeckt zu haben. In dem Augenblick wusste er, dass dies kein Zufall

war – zumal es Zufälle seiner Auffassung nach gar nicht gibt. Seine Erkenntnis erhellte den Pfad, den er bereits eingeschlagen hatte, jenen schicksalhaften Pfad, den seine Leidenschaft ihn sein Leben lang beschreiten lassen sollte. Plötzlich fügte sich wie Puzzlestücke zusammen, wer Dr. Sam Osmanagich eigentlich ist und was er in seinem Leben tun musste, und dieses Wissen wurde zu seiner neuen Lebenswelt.

Die Gruppe verließ ihren Standort, um sich einen besseren Überblick zu verschaffen. Visočica war von der Hauptstraße aus deutlich zu sehen. Aus dieser Entfernung waren zwei der vier Seiten der pyramidenähnlichen Form klar erkennbar.

Das Dorf, oder vielmehr die kleine Festung, die im Mittelalter auf dem Plateau des vermeintlichen Visočica-»Hügels« entstand, war zwischen dem elften und vierzehnten Jahrhundert, von der Herrschaft des Kulin Ban bis zu König Tvrtko I., für die bosnische Geschichte sehr bedeutsam. Die Burg war auf dem Plateau eines vermeintlich natürlichen Hügels errichtet worden. Schon damals war der Hügel mit Erde und Laub bedeckt gewesen. Das Erdreich ist heute bis zu einem Meter tief.

Dr. Sam erinnerte sich an die Geschichte einer Pyramide, die fast eine halbe Welt entfernt im mexikanischen Bundesstaat Puebla liegt. Als die spanischen Konquistadoren im sechzehnten Jahrhundert das Aztekenreich jenes Gebiets eroberten, beherbergte die Stadt Cholula mindestens vierhundert Pyramidenbauwerke. Cortez veranlasste die Zerstörung sämtlicher Pyramiden und den Bau von Kirchen auf ihren ehemaligen Standorten. Im Stadtzentrum befand sich ein großer Hügel, und auf dem Plateau dieses Hügels befahl Hernán Cortéz den Bau der bisher größten Kirche.

Als dreihundert Jahre später am Fuße jenes Hügels in Cholula die Grundmauern für eine psychiatrische Anstalt gelegt wurden, entdeckte man Steinblöcke von jeweils mehreren hundert Metern Länge. Intensive, detaillierte Forschungen mexikanischer Archäologen bestätigten, dass dieser Hügel in Wirklichkeit die größte Pyramide Mexikos war. Cortéz hatte also die größte Kirche auf der Spitze eines der Bauwerke errichten lassen, die er zu zerstören gedachte, ohne sich dessen bewusst zu sein, dass es sich um eine Pyramide handelte.

Auch bosnische Monarchen bauten ihre erste Hauptstadt auf dem Hügel von Visočica, ohne zu wissen, dass er in Wahrheit ein uraltes Bauwerk war. Hatten sie den Ort einfach wegen seiner überragenden Höhe gewählt, oder spürten sie irgendwie seine Energie und Bedeutung?

Die Pyramiden von Bosnien (bis heute sind fünf entdeckt worden) zeichnen sich durch folgende Eigenschaften aus:

1. Es sind die einzigen bislang auf dem europäischen Kontinent entdeckten Pyramiden.
2. Es sind die größten bis heute entdeckten Pyramiden der Welt.
3. Möglicherweise sind es auch die ältesten bisher entdeckten Pyramiden der Welt.
4. Die uralte Betonschicht, die die bosnische Sonnenpyramide ummantelt, besteht qualitativ aus dem besten bis heute entdeckten Beton.
5. Dazu gehört außerdem das umfangreichste unterirdische Labyrinth aller bislang entdeckten Pyramiden.

Die Monate Mai, Juni und Juli 2005 waren eine arbeitsintensive Zeit für Dr. Sam gewesen, denn er war damit beschäftigt, sich jede nur erdenkliche Erlaubnis und Genehmigung zu besorgen, die für die Ausgrabung von Visočica vonnöten war. Mitte August 2005 begannen schließlich die Ausgrabungsarbeiten …

Mehr über Semir »Dr. Sam« Osmanagich

geboren am 6. Juni 1960 in Zenica, Bosnien-Herzegowina

Dr. Sams Großvater Munib Osmanagich zog zwischen dem Ersten und Zweiten Weltkrieg von Visegrád nach Sarajevo und wurde Leiter der Merhamet Bank in Sarajevo sowie Mitglied des Parlaments des Königreichs Jugoslawien.

Sein Vater Prof. Dr. Muris Osmanagich erhielt seinen ersten Doktortitel im ehemaligen Jugoslawien auf dem Gebiet der Bergbautechnik und war Träger der höchsten wissenschaftlichen Ehrung, des Preises »Nagrada AVNOJ-a«. Außerdem war er Parlamentsmitglied, Regierungsminister und Autor mehrerer Bücher und wissenschaftlicher Abhandlungen.

Dr. Sam Osmanagich absolvierte die Grundschule in Sarajevo und machte seinen Abschluss am Druga-Gymnasium als bester Schüler seiner Klasse. Der offizielle Titel lautete »Spitzenschüler seiner Generation in der Stadt Sarajevo«. An der Universität von Sarajevo erwarb er mehrere Hochschuldiplome sowie Master- und Doktorgrade. Während des fünfjährigen Studiums konzentrierte er sich auf Soziologie und Politwissenschaft. Das Lernen fiel ihm leicht und er gibt zu, dass er keine zusätzlichen Arbeitsstunden in intensives Lernen investieren musste. Es genügte ihm völlig, die Vorlesungen gewissenhaft zu besuchen.

Von Kindheit an liebte Dr. Sam Basketball und betreibt diesen Sport auch als Erwachsener noch immer regelmäßig. Seine geschäftlichen Erfolge schreibt er zum Teil dem zu, was er beim Basketballspielen gelernt hat: Mannschaftsgeist und Zähigkeit. Diese Eigenschaften haben ihm auch bei der Entfaltung seiner Tätigkeit seit der Entdeckung der bosnischen Pyramiden sehr geholfen.

Dr. Sams Kariere als Geschäftsmann begann Mitte der 1980er Jahre bei der UNIS, der Vereinigten Metallindustrie von Sarajevo, einem riesigen Unternehmen mit 55.000 Angestellten. Dort war er Forschungsbeauftragter des UNIS-Instituts für strategische Planung. 1989 gründete er eine eigene Import/Export- und Baufirma in Sarajevo und im kroatischen Split, die er Meteorit und Meteorit 2 nannte.

Nachdem er nach Houston in Texas umgezogen war, arbeitete er als Generaldirektor des verarbeitenden Unternehmens Houston Protectors. 1995 gründete er dort die Firma Met Company, einen Fabrikationsbetrieb, der hauptsächlich Öl-, Gas-, Bau- und ähnlichen Industrien als Zulieferer dient. Gegenwärtig ist er Präsident der Met Company und Eigentümer der Met Holding Group, LLC. Außerdem ist er ein langjähriges Mitglied im Aufsichtsrat der gemeinnützigen Allianz für multikulturelle Aktivitäten in Houston.

Neben seiner geschäftlichen Tätigkeit hat Dr. Sam überall auf der Welt archäologische Anlagen ältester Herkunft eingehend untersucht und mehrere Bücher über antike Zivilisationen geschrieben, über die Welt der Anusazi, der Maya sowie peruanische, mexikanische und pazifische Zivilisationen. Sie erschienen in den Vereinigten Staaten, Deutschland, der Türkei, Estland, Kroatien, Serbien und Bosnien-Herzegowina.

Die Akasha-Chroniken

Kevin Todeschi, Geschäftsführer und Generaldirektor der Edgar Cayce Association for Research and Enlightenment in Virginia Beach im US-Bundesstaat Virginia gab mir ein Exemplar seines Buches *Edgar Cayce on the Akashic Records.* Im Vorwort zu diesem Buch findet sich eine der besten Erklärungen der Akasha-Chroniken, die ich jemals gelesen habe. Mit seiner Erlaubnis zitiere ich hier daraus:

> Die Behauptung, dass der Computer den Planeten transformiert hat (und immer noch transformiert), ist keine Übertreibung. Ob im Rahmen der Technologie, des Verkehrswesens, der Kommunikation oder der Unterhaltung – das Zeitalter des Computers hat unsere Welt und die Art und Weise, wie wir miteinander interagieren und einander verstehen, revolutioniert. Kein Bereich der modernen Gesellschaft ist davon unberührt geblieben. Die Menge der Informationen, die im Computer gespeichert ist und täglich durch das Internet fließt, ist buchstäblich unvorstellbar. Diese enorme Komplexität von Computersystemen und kollektiven Datenbanken reicht jedoch nicht einmal annähernd an die Macht, die Speicherkapazität und das geradezu allwissende Aufzeichnungsvermögen der Akasha-Chroniken heran.
>
> Um den Begriff besser zu verstehen: Die Akasha-Chroniken oder »Das Buch des Lebens« können mit einem Supercomputersystem verglichen werden. Das Wort »Akasha«

stammt aus dem Sanskrit und bedeutet so viel wie »grenzenloser Raum«. In diesem Sinne steht der Begriff für das Zentrallager jeglicher Informationen über jede Person, die jemals gelebt hat. Die Akasha-Chroniken sind nicht nur eine Sammlung von Ereignissen, sondern enthalten jede Tat, jedes Wort, jeden Gedanken, jedes Gefühl und jede Absicht in der gesamten Weltgeschichte. Mehr als lediglich ein Speicherort für Erinnerungen, sind die Akasha-Chroniken interaktiv. Sie üben einen enormen Einfluss auf unser tägliches Leben, unsere Beziehungen, Gefühle und Glaubenssysteme aus und beeinflussen auch die Potenziale und Möglichkeiten, die wir anziehen.

Die Akasha-Chroniken beinhalten die Geschichte jeder Seele, die jemals seit dem Anbeginn der Schöpfung existiert hat. Sie verbinden uns alle miteinander. Sie sind der auslösende Impuls für jedes archetypische Symbol und jede mythische Geschichte, die jemals menschliche Verhaltensmuster und Erfahrungen tief berührt haben. Sie sind die Inspiration für Träume und Erfindungen gewesen. Durch sie werden Menschen voneinander angezogen oder stoßen einander ab. Sie formen und gestalten Ebenen des menschlichen Bewusstseins. Sie sind ein Teil des göttlichen Geistes. Sie sind vorurteilsfreie Richter und Geschworene, die sich bemühen, jedes Individuum zu führen, zu erziehen und zu transformieren, damit er oder sie sich optimal entfaltet. Sie verkörpern ein sich stets veränderndes Aufgebot möglicher Zukünfte, die sich potenziell entwickeln, während wir miteinander interagieren und von den bereits gesammelten Daten lernen.

Informationen über diese Akasha-Chroniken – das Buch des Lebens – sind in volkstümlichen Überlieferungen, Mythen und dem Alten und Neuen Testament zu finden. Man kann sie mindestens bis zu den semitischen Völkern zurückverfolgen: den Arabern, Assyrern, Phöniziern, Babyloniern und Hebräern. Bei allen diesen Völkern herrschte der Glaube, dass eine Art himmlischer Schrifttafeln existiert, die sowohl die Geschichte der Menschen als auch jede erdenkliche spirituelle Information enthalten.

Hinter unseren Leben, unseren Geschichten und unserem individuellen Einfluss auf unsere Zukunft verbirgt sich viel mehr, als wir vielleicht jemals zu träumen wagten. Wenn wir auf die Informationen der Akasha-Chroniken zugreifen – der Computerdatenbank des Universums –, wird uns vieles enthüllt. Die Welt, wie wir sie bislang kollektiv verstanden haben, ist lediglich ein schwacher Abglanz der Wirklichkeit.

Natürlich wird jeder, der die Akasha-Chroniken deutet, bestätigen, dass unsere Auffassung vom Fluss der Zeit aus Sicht der Chroniken ziemlich irrelevant ist. Was wir unter Zeit verstehen, ist nichts weiter als ein Bezugsrahmen, den als wahr zu definieren wir uns entschieden haben. Tatsächlich hat sich unsere Spezies bisher nicht einmal über die Zeitmessung einigen können. Obwohl die Mehrheit der Menschen den gregorianischen Kalender benutzt, gibt es noch zahlreiche andere Kalender: den Malayalam-Kalender, den Mayakalender, den Mondkalender, den islamischen, den chinesischen und den Hindu-Kalender, um nur einige zu nennen. Und natürlich waren wir bei unserem groß angelegten Projekt auch an Zeitlinien interessiert, also konsultierten wir drauflos. Frisch gefragt ist halb gewonnen.

Um das ganze Konzept leichter verständlich zu machen, sehen wir uns einmal das menschliche Unterbewusstsein an – ein seltsames Wesen! Ob wir es wahrnehmen oder nicht, es leitet uns die meiste Zeit. Es ist so etwas wie unser Autopilot. Während wir den jeweiligen Tag durchleben, treffen wir Entscheidungen, die zum größten Teil auf unserer unterbewussten »Programmierung« beruhen: den Dingen, die wir durch unsere Erlebnisse von unserer Geburt an als »wahr« aufgefasst haben (dies betrifft auch vergangene Leben, aber das ist eine andere Geschichte). Zum Beispiel, ob irgendwelche Farben uns zusagen oder nicht, ob wir Speisen gern oder ungern essen – ja, sogar ob Menschen uns anziehen oder eher abstoßen. Die Liste ist endlos.

Wenn wir im Alltag *bewusste* Entscheidungen über unsere Handlungen treffen müssten, kämen wir nicht besonders weit. Unser Autopilot ist für unser Überleben deshalb äußerst wichtig. Aufwachen, Tee oder Kaffee trinken, frühstücken, zur Arbeit gehen ... wie auch immer Ihre tägliche Routine aussieht, Sie navigieren größtenteils durch den Tag, ohne vor jeder Handlung eine bewusste Entscheidung treffen zu müssen.

Es gibt allerdings einige wichtige Dinge, die Sie über Ihr Unterbewusstsein wissen müssen:

- Es erinnert sich an alles, was Sie im ganzen Leben jemals erlebt haben. Es speichert die gesamte Information, ob man dazu Zugang hat oder nicht. Nur wenige Menschen haben die Fähigkeit, all diese Informationen zu jedem gegebenen Zeitpunkt abzurufen.
- Es fällt keine Urteile über das, was man getan oder nicht getan hat.
- Es besitzt nicht die Fähigkeit zur Einsicht über das, was böse oder was gut ist – es weiß einfach, was es weiß.
- Es wird ständig durch unsere kontinuierlichen Erfahrungen programmiert.
- Es erschafft Filter, die unsere Sichtweise der Welt beeinflussen.

Von unserer Geburt an wird unser Unterbewusstsein programmiert – durch unsere Familie, unsere Betreuer, unsere Umwelt und durch alles andere, mit dem alle unsere Sinne und Energien in Kontakt treten. Wir fangen an, die Welt durch den Filter dieser unbewussten Programmierung zu erleben und agieren und reagieren hauptsächlich innerhalb der Grenzen dessen, was wir erlebt haben.

Oft haben Menschen Schwierigkeiten damit, neue Ideen oder Konzepte zu akzeptieren, weil es in ihrer unterbewussten Programmierung keinen Bezugsrahmen für die neue Information gibt. Das lässt sich mit dem Versuch vergleichen, Informationen in einen Computer herunterzuladen, obwohl man keine Software hat, um die Daten zu erkennen. Wenn Sie auf *diese* Daten mit *diesem* Computer Zugriff haben möchten, muss *neue* Software installiert werden.

Auf ähnliche Weise sendet das Unterbewusstsein eine Meldung an das Bewusstsein, wenn Menschen mit Informationen oder Ideen außerhalb ihres Bezugsrahmens konfrontiert werden: *ACHTUNG! ACHTUNG! KANN DATEN NICHT HERUNTERLADEN!* An diesem Punkt schlagen die meisten Menschen eine geistige Tür zu, um die Informationen, die sich ihnen da präsentiert, auszusperren. Die allermeisten Menschen empfinden während dieses Prozesses sogar Wut oder Angst. Sie haben das Gefühl, ihre Welt würde bedroht – und vielleicht stimmt das sogar: Vielleicht wird da tatsächlich am Fundament ihrer Existenz gerüttelt. Wer könnte jemanden kritisieren, der davor Angst hat?

Entweder muss das Bewusstsein die Entscheidung treffen, die Informationen zu *lernen* und den neuen Konzepten die Tür zu öffnen – oder das Unterbewusstsein muss neu programmiert werden, um die neuen Daten zu akzeptieren. Ich habe gehört, dass die meisten Leute etwas mehrere Male hören müssen (drei, vier, sieben, dreizehn Mal oder mehr, suchen Sie sich eine Zahl aus!), bis sie es *wirklich* hören und begreifen. Tatsächlich ist dies das

Herz jeder Marketingstrategie: Wiederholung bis zum Erkennen. Es ist eine Methode, das Unterbewusstsein so zu programmieren, dass es neue Ideen oder Konzepte integriert, und sie trainiert das Individuum darauf, Konzepte *bewusst* zu erkennen.

Akzeptiert man, dass wir alle Eins sind – alle miteinander und mit dem Universum verbunden –, ist es dann nicht logisch, dass wir ein kollektives Unterbewusstsein haben? Eine kontinuierliche Chronik aller Dinge, die wir gemeinsam erfahren haben, und zugleich eine Art Torhüter unserer Handlungen und Reaktionen? Genau das sind die Akasha-Chroniken.

Kehren wir zurück zu der Annahme, die Welt sei flach. Es gab eine Zeit, in der die Mehrheit der Menschen tatsächlich an dieses Konzept glaubte. Viele Forschungsreisende waren erforderlich, um diesen Irrglauben zu widerlegen. Sowohl in wissenschaftlichen Kreisen als auch im Alltagsleben entstand eine Debatte darüber, ob die Welt nun flach oder rund sei. Irgendwann fing die Mehrheit der Menschen schließlich an, das Konzept einer runden Welt als Tatsache zu akzeptieren. Das kollektive Bewusstsein der Menschheit änderte sich. Die Wahrheit änderte sich.

In den Anfangsstadien dieser Veränderung gab es Individuen, die anfingen, jenseits der Parameter ihrer unbewussten Programmierung zu denken. Sie waren die Entdecker, die für das, woran sie glaubten, ihr Leben riskierten. Zweifellos sprachen ihre Nachbarn nicht besonders wohlwollend über sie.

Unser Ziel bei diesem einzigartigen Experiment war es, das Wissen des kollektiven Bewusstseins über antike archäologische Fundstätten auf dem Planeten Erde anzuzapfen. Was können wir aus der Fülle der dort gespeicherten Informationen erfahren, und wie könnte uns das weiterhelfen?

Protokolle

Sobald die Entscheidung, mit dem Experiment zu beginnen, einmal getroffen war, organisierten wir zunächst drei Sitzungen mit drei verschiedenen Medien, die einander nicht kannten. Lea war schon beim allerersten Treffen, als ich Dr. Sam zum ersten Mal begegnete, das Medium gewesen und erklärte sich bereit, an diesem Projekt mitzuarbeiten. Sie wusste mehr über Dr. Sam und die bosnischen Pyramiden als die anderen Medien, aber sie wusste nicht, dass noch weitere antike Anlagen in die Arbeit eingeschlossen werden sollten.

Dr. Sam hatte vor den Sitzungen keines der Medien kennen gelernt. Er hatte jedoch eine Dia-Präsentation zusammengestellt, deren Zweck es war, einen visuellen Anreiz für die Channelings zu geben. Alle Dias und Fragen waren für alle Medien gleich, und eine Sitzung dauerte nie länger als drei Stunden.

Jedes Medium arbeitete in seinem eigenen Tempo, und dadurch sahen manche Medien innerhalb der drei Stunden mehr Dias als andere – einfach aufgrund der unterschiedlichen Art, mit der sie Informationen von den verschiedenen Dias aufnehmen und verarbeiten konnten.

Als intuitives Medium kann ich selbst bestätigen, dass drei Stunden eine sehr lange Zeit für die mediale Arbeit sind. Wir haben allerdings während jeder Sitzung zwei Pausen gemacht, und zwar jeweils nach der ersten und der zweiten Stunde.

Nancy Kern wusste, dass wir das Konzept von Pyramiden in Bosnien untersuchten. Sie wusste allerdings nicht, dass das Projekt auch Fragen über andere antike Anlagen umfasste, und obwohl sie sie interessant findet, hat sie persönlich keine alten Ausgrabungsstätten erforscht.

Lois Wetzel wusste, dass wir an einem Projekt über bosnische Pyramiden arbeiteten, aber mehr wusste sie vor der ersten Sitzung nicht.

Jeanne Lubbers wusste nur sehr wenig über das Projekt, an dem wir arbeiteten – sie hatte lediglich gehört, dass es darum ging, Zugang zu den Akasha-Chroniken zu erhalten, und um Pyramiden in Bosnien … und darum, Informationen für einen eigenartigen Wissenschaftler zu sammeln. Sie hatte unsere Diskussionen über das generelle Konzept mitbekommen, da sie und ich im selben Bürokomplex arbeiteten, aber Genaueres wusste sie nicht.

Diane Gremmel wurde nur gesagt, dass es um antike archäologische Anlagen geht. Sie war besonders vom wissenschaftlichen Forschungsteil des Projekts fasziniert.

Rosalie McIntosh wusste lediglich, dass es bei dem Projekt um uralte archäologische Fundstätten ging.

Alle Medien arbeiteten außerhalb ihres gewohnten Bereiches, und alle schienen an dem Projekt genauso interessiert zu sein wie wir. Jedes Individuum, das mit uns gearbeitet hat, war unvoreingenommen und offen und bereit, mit uns ins Unbekannte vorzustoßen.

Sämtliche Sitzungen wurden auf Video aufgezeichnet und später für dieses Buch transkribiert. In einigen Fällen wurden Antworten aus ihrer ursprünglichen Chronologie herausgenommen. Wenn zum Beispiel etwas über ein vorher bereits betrachtetes Dia vorkam – solche Dinge passieren manchmal während intuitiver Deutungen –, wurde diese Information bei der Niederschrift an der entsprechenden Stelle eingefügt, um bei jeder Ausgrabungsstätte die Kontinuität zu gewährleisten.

Informationen über die Pyramiden von Bosnien wurden in einem eigenen Abschnitt festgehalten, obwohl die damit verbundenen Fragen während der Sitzungen auch bei anderen Dias vorkamen. Schließlich wurde dieses Buch vom Entdecker der bosnischen Pyramiden angeregt, weshalb darauf ein besonderer Schwerpunkt lag.

Einige Medien erhielten im Nachhinein noch weitere intuitive Einsichten. Das ist ebenfalls nicht ungewöhnlich bei medialen Deutungen. Wir haben darauf verzichtet, zusätzliche Informationen hinzuzufügen und lassen die Sitzungen so stehen, wie sie aufgezeichnet wurden – sie sind, was sie sind. Die einzige Ausnahme bildet Dr. Sams Rückführung in seine früheren Leben, die von Lois Wetzel durchgeführt und als zusätzliches Kapitel mit aufgenommen wurde.

Nach Beendigung der ersten drei Sitzungen stimmten wir alle darin überein, dass drei weitere Sitzungen angebracht waren. Diese nächsten drei wurden dann ungefähr einen Monat später aufgezeichnet, unter Berücksichtigung von Dr. Sams Zeitplan in Houston, Texas.

Keines der Medien wusste vorher, über welche der Ausgrabungsstätten es Fragen beantworten sollte.

Die Medien

Während des Treffens, bei dem ich Dr. Sam kennen lernte, formte sich in ihm eine Idee. Was käme wohl dabei heraus, wenn man eine Serie von Channelsitzungen veranstalten würde, bei denen man Fragen über die Pyramiden von Bosnien und andere bedeutungsvolle archäologische Ausgrabungsstätten stellte? Was würden die Akasha-Chroniken durch den Mund unterschiedlicher Medien darüber zu sagen haben?

Anstelle von Antworten warfen Dr. Sams Untersuchungen antiker Fundstätten nur immer mehr Fragen auf, und ihm wurde klar, dass die Wissenschaft nicht alle Fragen zur Entdeckung vieler Anlagen beantworten konnte – falls sie überhaupt Antworten besaß. Vielleicht würde der Schritt in den metaphysischen Bereich einige Wissenslücken füllen und mehr Licht auf die unbeantworteten Fragen werfen.

Im April und Mai 2010 wurde deshalb eine Reihe von sechs Sitzungen durchgeführt. Mit einer einzigen Ausnahme waren alle Teilnehmerinnen berufliche Channelmedien, die bereits eine langjährige Erfahrung aufwiesen.

Medium 1: Nancy Kern

Meine Beziehung zu den Akasha-Chroniken ist die bestimmende Kraft meines Lebens. Sie schenkt mir Liebe, Schönheit und spirituelle sowie emotionale Heilung. Sie inspiriert meine Malerei und intensiviert meine Beziehungen zu meiner Familie und meinen Freunden. Jeden Tag lerne ich mehr, aus dem Herzen zu leben. Das Licht der Akasha-Chroniken hilft mir, im Bewusstsein der Gegenwart zu leben. Die Meister, Lehrer und Geliebten helfen mir dabei, den schmerzlichen Kampf loszulassen und mehr Entspannung zu erleben. Jeder Kontakt mit den Chroniken gibt mir neue Nahrung. Es ist mir eine Freude, diese Heilung und Information mit anderen zu teilen und zusehen zu dürfen, wie ihr Leben sich verbessert, wenn sie die Liebe und Weisheit erfahren, die ihnen zur Verfügung steht.

– Nancy Kern

Im Jahr 1982 litt Nancy unter einer schmerzhaften Ohrenentzündung und betete intensiv: »Ich, Nancy, will hören. Ich, Nancy, will hören …« Sie erlebte ihren ersten bewussten Kontakt mit den Akasha-Chroniken, als eine göttliche Stimme zu ihr sprach: »*Du* hast Zugang zu den Akasha-Chroniken«, und sie wurde augenblicklich geheilt. In diesem Moment veränderte sich ihr Leben auf dramatische Weise. Sie begann, die Maxime »Arzt, heile dich selbst« umzusetzen, und verbrachte viele Jahre mit Studien und Übungen, bevor sie 1999 anfing, auch für andere auf deren Wunsch hin Channelings durchzuführen.

Nancy studierte die Chroniken bei Mary Parker. Sie absolvierte alle Stufen der Ausbildung, inklusive der Lehrerausbildung, und studierte außerdem unter der Obhut von Linda Howe. Zu Nancys Akasha-Chroniken-Training gehörte auch das Schwimmen mit Buckelwalen in der Karibik.

Sie machte ihr Bachelor-Diplom 1975 an der Rice University in ihrer Heimatstadt Houston und empfing 1988 an der staatlichen Universität von Houston das Diplom als Master of Fine Arts im Fach Malerei.

Nancy arbeitete als Hebamme und Geburtshelferin bei Hausgeburten und war Massagetherapeutin mit dem Spezialgebiet Polaritätsenergie. 2000 wurde sie als ausübende Therapeutin der Flower Essence Society of California approbiert und erhielt 2005 am Upledger Institute ein Diplom als Craniosakral-Therapeutin. In diesem Bereich war sie auf die Freisetzung und Auflösung schwieriger Emotionen spezialisiert. Sie verwendet bei der Behandlung ihrer Patienten im Bedarffall Blumenessenzen. Außerdem stellt Nancy ihre Kunstwerke aus und gestaltet Kreativitäts-, Labyrinth-, und Mandalaworkshops beim Jung Center in Houston.

Ich benutze Gebet, um die Chroniken zu öffnen und zu schließen. Ich sehe Farben im und um den Körper meines Patienten. Die Hüter der Chroniken arbeiten zuerst mit Energie und erst danach mit Information. Manchmal sehe ich Bilder wie in einem Film, manchmal sprudeln Worte hervor und ich spreche sie aus, ohne sie zu zensieren. Während des Deutungsprozesses wird mein Patient von bedingungsloser Liebe durchdrungen. Wenn die Zeit kommt, die Chroniken zu schließen, spüre ich ein deutliches Gefühl der Vollendung.

Medium 2: Lea Jano

Meine Arbeit mit den Akasha-Chroniken beinhaltet hauptsächlich Erkennen und Stimmen, aber manchmal erlebe ich auch Bilder, Filme, Gefühle, Sinneseindrücke oder einfach nur Energie.

– Lea Jano

Lea war die Inspiration für dieses Projekt, denn sie war es, die Dr. Sam mit den Akasha-Chroniken bekannt machte. Sie ist das einzige Medium dieses Projekts, das diese Tätigkeit nicht hauptberuflich ausübt. Sie kam jeweils am Ende ihrer hauptberuflichen Arbeit zu ihrer dreistündigen Sitzung.

Bei der Zusammenstellung des Buchprojekts ermutigten der Herausgeber und ich Lea dazu, anonym zu bleiben, weil sie immer noch in der Geschäftswelt tätig ist. Leider sieht die Wirklichkeit so aus, dass sie dort aufgrund dieses Projekts mit negativen Reaktionen rechnen müsste. Ich bin sicher, dass viele Leser dieses Buches das Dilemma aus erster Hand verstehen werden.

Obwohl Lea kein hauptberufliches Medium ist, besitzt sie für diese Arbeit ein großes Talent und bildet sich durch Studien und Praxis-Übungen weiter darin fort. In den späten 1980er Jahren war sie, wie sie selbst sagt, noch eine Dilettantin in allen metaphysischen Belangen, hat aber seitdem eingehende Erfahrungen mit Kriya Yoga, Hatha Yoga, Anasara Yoga, Aura-Soma (mit Zertifikation der Ebene III), Reflexzonenmassage, Kräutern, ätherischen Ölen, Astrologie, Weissagung und Numerologie sammeln dürfen. 2008 begann sie, mit den Akasha-Chroniken zu arbeiten, und wurde von den Akashic Record Consultants International diplomiert, mit Schwerpunkt auf ihren persönlichen Interessen: heilige Stätten sowie die Tier- und Pflanzenwelt.

Lea ist auch das einzige Medium, das die bosnischen Pyramiden vor den Sitzungen besucht hatte.

Medium 3: Lois Wetzel

Die Akasha-Chroniken zu lesen, ist für mich, als würde ich einen Film in meinem Kopf ansehen – nur, dass er interaktiv ist. Ich habe durch Erfahrung gelernt, dass ich über den »Film« sprechen muss, denn sonst verschwindet er. Es gilt, den Informationen zu vertrauen, wie sie vor mir ausgebreitet werden, auch wenn ich sie intellektuell nicht verstehe. Wundere ich mich über *irgendetwas, nennen oder zeigen mir die Hüter der Akasha-Chroniken die Antwort. Dann weiß ich, dass die Informationen* für die Heilung oder das Wachstum des *Klienten wesentlich sind.*

– Lois Wetzel

Lois' akademischer Hintergrund umfasst einen Bachelor of Arts im Bereich Kunstpädagogik und ein MFA-Diplom in den Bereichen Malen und Zeichnen der University of North Texas. Sie betrieb nach ihrem Abschluss umfangreiche Studien der klinischen Psychologie und Kunsttherapie an der University of Houston in Clear Lake City und wurde 1990 von Sandra Ingerman an der Foundation for Shamanic Studies zur Schamanin ausgebildet. Bei den meisten ihrer BodyTalk-Kurse, einem Heilungssystem, das auf der Weisheit des Körpers beruht, war Dr. John Veltheim, der Gründer des BodyTalk-Systems, persönlich ihr Lehrer. Außerdem studierte sie bei Dick Sutphen, dem Autor des Buches *Das Orakel in Dir,* und bei Larry Valmor PSYCH-K, bei dem es um die Manifestation von stärkenden Gedanken und Gefühlen geht und das von Bruce Lipton, dem Autor des Weltbestsellers *Intelligente Zellen*, besonders empfohlen wird. Lois hat auch umfangreiche Erfahrungen mit Klangtherapie gemacht.

Ich glaube, dass jeder Mensch einen angeborenen Drang zur Ganzheit und zum Licht hat. Ich liebe es, dem Höhenflug der Spiritualität meiner Patienten und ihrer körperlichen Heilung beizuwohnen und zuzusehen, wie ihr Körper, ihr Bewusstsein und ihre Seele wiederhergestellt werden. Es ist eine Ehre und ein Privileg, als »Hebamme« dabei zu sein, wenn meine Patienten diese Arbeit vollenden.

Medium 4: Jeanne Lubbers

Bei Gesprächen mit Wesenheiten werden mir Botschaften geschickt, durch Lichtsprache, Dias und filmähnliche Kommunikation.

– Jeanne Lubbers

Jeanne Lubbers ist Pastorin sowie Reiki-Therapeutin und besitzt ein Diplom als Therapeutin in Neuro-Linguistischem Programmieren (NLP) und Humanistischer Neuro-Linguistischer Psychologie (HNLP). Die Fähigkeit, mit Erscheinungen zu kommunizieren, Botschaften »von jenseits des Schleiers« zu empfangen und auch zu sehen, mit wem sie kommuniziert, besaß Jeanne schon von Geburt an. In ihrer Kindheit in den 1950er und 1960er Jahren wurden solche Gaben unterdrückt. Während einer Krankheit im Jahr 2000 wurde Jeanne von ihren Geistführern kontaktiert. Sie sandten ihr die profunde Botschaft, ihre Firma aufzugeben und das zu tun, wofür sie auf die Welt gekommen war – zu lehren! Nach einer zehn Monate lang andauernden Auseinandersetzung mit ihrem Meister-Lehrer gab sie ihren dreidimensionalen Beruf auf und wurde unabhängige Pastorin.

2003 begann ihr wichtiger nächster und bis heute andauernder Lebensabschnitt als Lehrerin des spirituellen Aufstiegs. Sie entwickelte mehrere Kurse, die konventionelle Religionen mit alten esoterischen Lehren verbinden und so Menschen dabei helfen, mit Gott in Verbindung zu treten. Jeanne hat Hunderten von Menschen geholfen, ihre verborgenen Fähigkeiten zu wecken und in zuvor unbekannte spirituelle Gefilde vorzudringen.

Ihre eigenen intuitiven Fähigkeiten, mit multiplen Ebenen des Bewusstseins der Lichtwesen zu kommunizieren, entwickelte sie unter Führung ihres Meister-Lehrers. Durch ihre keylontischen Lichtsprache-Datenübertragungen hat sie Hunderten von Menschen eine gewaltige Menge von Informationen zugänglich gemacht – Informationen, die ihr Leben bereichert und sie auf den Weg des Erwachens und der Entdeckung ihrer Seelenwahrheit geführt hat. Während des Unterrichts erfreuen sich ihre Schüler an den Botschaften der zahlreichen Besucher und staunen darüber, dass auch sie mit Gelehrten, spirituellen Führern, Ärzten, Wissenschaftlern und berühmten Menschen unserer Weltgeschichte kommunizieren können.

Im Jahr 2004 ernannte Center Point, das Erleuchtungszentrum von Houston, Jeanne zu einer der zehn Top-Intuitiven der Stadt. Was für eine Ehre!

Wenn ich durch höherdimensionale Lichtwesen kommuniziere, bin ich in der Lage, Informationen zu empfangen, die ich auf der Bewusstseinsebene nicht einmal wahrnehme. Manchmal beinhaltet der Prozess, dass sie mir Informationen über zukünftige Wahrscheinlichkeiten mitteilen, um das aktuelle Verständnis der Wahr-

heit einer bestimmten Situation oder eines bestimmten Individuums zu eröffnen. Ich fühle mich unverdient geehrt, dass mir solche Kommunikationsmöglichkeiten zur Verfügung stehen und dass ich anderen bei Heilungsprozessen der geistigen, emotionellen und physischen Aspekte des Lebens helfen darf, indem Gottes Essenz mich mit so großer Freude durchfließt.

Medium 5: Diane Gremmel

Bei meinem Zugriff auf die energetische Chronik aller Existenz spreche ich demütig die beste Gruppe von Geistführern an, die man sich nur vorstellen kann. Diese wundervollen Seelen übermitteln mir Wissen, Humor, Wärme – und, was noch wichtiger ist: Genauigkeit. Wenn ich Informationen erhalte, kommen sie in Form von Bildern, Worten, energetischen Eindrücken zu mir oder »sie werden mir einfach bewusst«. Ich stelle spezifische Fragen und bekomme Antworten, die auf ihren Forschungen auf der anderen Seite beruhen. Jegliche etwaige Verwirrung liegt nicht an ihren Forschungen, sondern an meiner Unfähigkeit, sie richtig zu verstehen. Ich freue mich sehr über die Einladung, an diesem Projekt mitzuarbeiten, und bin sehr dankbar dafür, dass ich Zugriff auf Informationen einer höheren Ebene habe.

– Diane Gremmel

Diane Gremmel ist Hellseherin, Medium und Lehrerin und seit dreißig Jahren hauptberuflich für internationale Klienten als Channeling-Expertin tätig. Sie ist oft bei

Fernseh- und Hörfunksendungen zu Gast, darunter *Ghost Stories* des Senders *Travel Channel*, bei den *ABC News* in Houston und der *Fox Morning Show* und hat bereits zahlreiche Artikel über das Übersinnliche veröffentlicht. Diane hat auch schon mit der Polizei zusammengearbeitet, um vermisste Personen zu finden und unerklärliche Verbrechen aufzuklären. Die Zeitung *Houston Press* ernannte sie 2009 zum besten Medium in Houston. Gegenwärtig arbeitet sie als Medium für eine führende Organisation von Ermittlern, die sich parapsychologischer Methoden bedienen. Als Tierfreundin genießt sie es, mit allen lebenden Wesen zu kommunizieren, und leitet voller Freude Kurse in Intuition und medialer Entwicklung für Erwachsene und für Kinder.

Die Vergangenheit lässt sich erst durch den Rückblick aus der Zukunft wirklich im richtigen Zusammenhang sehen. Meine etwas unbeholfene und sensible Natur, die früher eine solche Herausforderung für mich darstellte, empfinde ich nun als Segen. Meine Jahre auf dem College und das Studium des Theaters halfen mir dabei, vor großen Menschenansammlungen zu reden und zu unterrichten. Meine Arbeit im Marketing ermöglichte es mir schließlich, Klienten von ihren eigenen, wunderbaren Fähigkeiten zu überzeugen. Ich sehe jetzt, dass jeder Schritt im Leben nichts als ein kleines Stück im Puzzle unserer Existenz und unseres Lebenszwecks ist – sowohl individuell als auch kollektiv. Nur wenn wir die Vergangenheit verstehen, können wir die Gegenwart annehmen und uns auf die Zukunft vorbereiten. Durch dieses Projekt, zu dem mich Dr. Sam einlud, habe ich begriffen, dass die Pyramiden einen Schlüssel zu unserer kollektiven Vergangenheit, Gegenwart und Zukunft enthalten – einen Hinweis zur Entschlüsselung dessen, wer und was wir einmal waren und zu was wir uns nun endlich wieder entwickeln.

Medium 6: Rosalee McIntosh

Es ist inspirierend und äußerst lohnenswert, auf die gespeicherten Informationen der Akasha-Chroniken zuzugreifen, um mir und anderen dabei zu helfen, uns an das Wissen und die Fähigkeiten, die uns zur Verfügung stehen, zu erinnern und diese abzurufen und anzunehmen.

– Rosalee McIntosh

Rosalee arbeitet multidimensional mit Erzengeln und Aufgestiegenen Meistern. Schon als kleines Mädchen wusste sie, dass sie anders war. Sie hatte einfach die Gabe, Dinge zu wissen, die sie auf logischer Ebene gar nicht wissen konnte. Während sie aufwuchs, entwickelte sich diese Gabe weiter, bis sie regelmäßig mit jenseitigen Wesen kommunizierte. Diese halfen ihr, ihre medialen Fähigkeiten zu entfalten, und führten sie auf ihrem Lebensweg, anderen zur Erleuchtung zu verhelfen. Sie ist leidenschaftlich daran interessiert, mit Menschen zu arbeiten, die sich in ihrer beruflichen Laufbahn, in ihren Beziehungen oder durch ihre Lebensziele der Selbstmeisterschaft annähern – besonders solchen Individuen, die »nicht wissen, wer sie sein wollen, wenn sie einmal erwachsen sind«.

Während ihres lebenslangen Studiums entwickelte sie eine Anzahl von Werkzeugen, die es dem Einzelnen ermöglichen, Blockaden zu durchbrechen, Selbsteinschränkungen aufzulösen und sich mit dem Höheren Selbst zu verbinden. Diese Verbindung erlaubt es einem Menschen, auf seine persönlichen Fähigkeiten und Talente zuzugreifen und sich selbst spirituell, geistig, emotionell und körperlich zu heilen.

Derzeit umfassen Rosalies Dienstleistungen und Aufgabenbereiche mediale und/oder hellsichtige Channelings, intuitive Tarotkarten-Deutung, Tätigkeiten als Medium, die Kommunikation mit Engeln, Chiromantie, Energieausgleich und Chakra-Balance sowie die Beseitigung negativer Energien und Präsenzen aus Privatwohnungen und Büros. Sie arbeitet auch als Medium bei der *Lone Star Ghost Busters Organization.*

Rosalies Schulung und Hintergrund:

- 1982 – Silva Mind Development Series, eine Ausbildung zur Weiterentwicklung des eigenen Bewusstseins
- 1984 – Magnettherapie, *Telling Yourself the Truth*, Heilende Hände, Magische Gebete der *Church of the Divine Presence* durch die Bischöfe John und Grace Rankin
- 1993/94 – Pastorin der *Universal Life Church* sowie Multidimensionale Zellheilung bei Ken Page, Akasha-Chroniken-Training mit Yannie Brower
- 1997 – Begleitete Rückführungen in frühere Leben
- 2000 – Diplom Ohrenkerzen
- 2002 – Diplom Reiki-Meisterin
- 2005 – Fortgeschrittene klinische Hypnose an der Path Foundation
- 2010 – Hochenergieheilung durch spezielle DNA-Kodierungen

Seit mehr als fünfzehn Jahren wirkt Rosalee an diversen Esoterik- und Heilungsmessen in den Vereinigten Staaten mit. Sie arbeitet auch am Methodisten-Krankenhaus in Houston, wo sie vor und nach chirurgischen Eingriffen Reiki-Therapie praktiziert.

Reiki ist ein japanisches Wort, das so viel wie »universelle Lebensenergie« bedeutet. Diese Therapie ist eine sehr alte Technik, die Heilung und Schmerzlinderung fördert.

Außerdem kümmert sich Rosalie um ihr kleines Hündchen Flame, etliche Eichhörnchen, die ständig ihre Blumenzwiebeln ausgraben, einen Blaureiher, zahlreicher Kolibris und andere wilde Kreaturen in ihrem Naturgarten in Cleveland, Texas.

Die Ermutigungen, die durch die multidimensionalen Pfade der Akasha-Chroniken gesendet und empfangen werden, erlauben es einem Individuum, sich der Liebe und der Veränderung zu ergeben und die eigene Göttlichkeit anzunehmen. Ich hoffe aufrichtig, dass die medialen Deutungen im Rahmen dieses Projekts uns helfen werden, diese Dinge kollektiv als Spezies zu erleben. Ich fühle mich geehrt, in aller Demut ein Teil dieses nächsten Schritts der Entdeckung sein zu dürfen.

TEIL 2

DIE PYRAMIDEN VON BOSNIEN

Das bosnische Tal der Pyramiden

Die Dias der bosnischen Pyramiden wurden bei der Präsentation für die Medien der Akasha-Chroniken mit den Aufnahmen anderer antiker Anlagen vermischt. Allerdings ging es bei diesem Projekt vorrangig um diese wichtige Entdeckung, und so trennten wir die bosnischen Dias und die entsprechenden Antworten später wieder von denen der anderen Ausgrabungsstätten und stellen sie hiermit an den Anfang. Alle Auskünfte auf der Grundlage von Dias der bosnischen Pyramiden wurden zusammengeführt, weil sich Informationen über eine bestimmte Anlage im Tal der Pyramiden häufig erst beim Betrachten eines späteren Dias einstellten.

Die Fragen stellte Dr. Sam.

In Bosnien-Herzegowina, einem Teil des ehemaligen Jugoslawiens, befindet sich in der Nähe des Städtchens Visoko ein Hügel in der Form einer Pyramide. Ich habe herausgefunden, dass sich unter der Vegetation doch tatsächlich eines von mehreren Bauwerken befindet. Das hier habe ich »die bosnische Sonnenpyramide« genannt. Welche Informationen können Sie mir darüber geben?

Dia 1: Die bosnische Sonnenpyramide

Dies ist ein Tunnel im Tal der bosnischen Pyramiden – er gehört zu einem weit verzweigten unterirdischen Tunnelsystem. Der hier beginnt ungefähr drei Kilometer von den Pyramiden entfernt. Was können Sie mir über diese Tunnel und den Zweck ihres Baus sagen?

Dia 2: Die Tunnel der bosnischen Pyramiden

Diese Aufnahme hier zeigt die bosnische Mondpyramide. Was können Sie mir darüber sagen?

Dia 3: Die bosnische Mondpyramide

Wir haben einige dieser großen Monolithen gefunden. Der Baustoff ähnelt Keramik, und dieses Exemplar wiegt fast 8.200 Kilogramm. Sie wurden in den Tunneln entdeckt. Indizien weisen darauf hin, dass sie vielleicht sogar noch viel älter sind als das Steinkonglomerat, das zum Auffüllen der Tunnel verwendet wurde. Was können Sie mir darüber sagen?

Dia 4: Der Monolith K-2

Medium 1: Nancy Kern

Sie hat lediglich das erste Dia gesehen.

Diese Pyramiden haben eine unterschiedliche Qualität. Sie fühlen sich sehr alt an. Etwas sagt mir, dass diese Pyramiden eine Verbindung zwischen Himmel und Erde darstellen – es spielt Ehrfurcht vor Himmel und Erde mit hinein. Noch mehr als bei den anderen Anlagen, die wir untersucht haben, besteht hier ein Zustand des Gleichgewichts zwischen beidem. Hier gibt es eine mittlere Welt und die Absicht, eine Kammer zu erschaffen, in der die Präsenz sehr, sehr stark ist. Es wird nicht nach dem Reich der Engel gegriffen, und es fühlt sich auch nicht wie ein »Sündenfalls« an. Es geht eher darum, Raum zu haben … In der Ausdrucksweise der modernen Physik ist es mehr wie ein wissenschaftliches und spirituelles Zentrum. Dort, wo Wissenschaft und Geist zusammenkommen, besteht eine erhöhte Wahrnehmung des gegenwärtigen Moments. Die Ankunft in der Gegenwart erschafft Unkompliziertheit und Klarheit – nicht so sehr »Gedanken« als vielmehr »Sein«.

Was war der eigentliche Zweck dieses Bauwerk? Es ist doch gebaut worden, oder?

Schon vor seinem Bau hat das Land so etwas suggeriert. Die Gegend war als das erkannt worden, was wir einen heiligen Ort nennen würden – jedoch nicht ganz dasselbe, was wir heute unter diesem Begriff verstehen. Hier geht es eher um Reinheit, es gibt keine Verzerrung. Es ist das, was eine Pyramide im idealen Sinne sein könnte. Wenn man eine Kammer betritt, die konstruiert wurde, um einen in die Gegenwart zu bringen, erlebt man, dass das Alter und die emotionelle Last abfallen. Diese Pyramide wurde speziell gebaut, um auf diese Weise aufzuräumen, zu klären.

Es ist eine richtige … Ich versuche, das, was ich empfange, in Worte zu fassen … einfach gegenwärtig zu sein, ohne zu denken. Sie wurden zum Zweck der Verjüngung und innerer Reinigung konstruiert. Es ist ein Ort, an dem man genährt, gekräftigt, gereinigt wird – je nach der Fähigkeit des Individuums, das alles zu empfangen. Hier gibt es auch das Potenzial, Traumata auszulöschen, oder im positiven Sinn zu neutralisieren. So wie bei Menschen, die nach Lourdes pilgern. Ich empfange ein Gefühl der Durchdringung von Energie, die dabei hilft, einem Individuum Zusammenhalt und Organisation auf allen Ebenen zu bringen.

Wer hat diese Anlage gebaut?

Ich habe den Eindruck eines sehr großen Bewusstseins. Hier war auf jeden Fall Führung beteiligt … Ich sehe eine sehr große Form – größer als die Pyramide selbst. Sie hat die Eigenschaften der Erde. Erdgeister waren an der Erschaffung dieser Pyramide unmittelbar beteiligt. Alles an ihr fühlt sich Zen-ähnlich an, klar.

Wer waren die eigentlichen Arbeiter?

Interessant. Ich habe diese Wesen, die von unter der Erde stammen, schon einmal gesehen. Sie sind ein Teil davon, aber sie existieren auf einer anderen Ebene. So etwas sehen wir in unserer Welt normalerweise nicht, deshalb ist es schwer, darüber zu reden, oder in unserer Sprache Berührungspunkte zu finden, um darüber sprechen zu können. Man könnte sie Erdbeweger nennen – übernatürliche Hilfe, die aber von unserer Erde stammt. Die Hilfe hat eine starke, wohlwollende Qualität und gleichzeitig eine neutrale Art.

Es gab Konstrukteure dieser Pyramide, die die Erbauer führten und ihnen die Fähigkeit gaben, über sich selber hinauszuwachsen … wie eine Muse. Die Zusammenarbeit strahlt ein Gefühl der Befriedigung aus – sogar der Vollkommenheit.

Diese Pyramiden wurden nicht der Sicherheit wegen geschaffen … Sie besitzen diese Anwendung nicht und machen nicht den Eindruck, als steckte ein besonders großes Ego dahinter. Vielmehr wurden sie organisch entwickelt. Die Muster waren bereits vorhanden – unter der Erde.

Wie viele Kammern besitzt diese Pyramide?

Ich sehe mehr unter der Sonnenpyramide als in ihr. Es gibt einen Bereich, in den man eintreten könnte, und die Pyramide erzeugt die Kraft darüber. Da ist der Eindruck einer Katakombe. Sie hat ein kreisförmiges Zentrum mit diversen Tunneln, die davon ausgehen.

Man könnte verschiedene Gänge finden, die hineinführen … Sie sind wie die Strahlen einer Sonne und in der Mitte gibt es eine Kammer, die eher wie ein offener Platz ist. Er ist mit einer Öffnung darüber erbaut worden … aber nicht wie eine Kathedrale, denn oberhalb befinden sich verschiedene Ebenen mit Decken und darüber noch mehr Vorsprünge.

Handeln wir richtig, indem wir diese Tunnel leerräumen und uns den Pyramiden nähern?

Das wird für Sie sehr fruchtbar sein.

Warum wurden diese Pyramiden erst im Jahr 2005 entdeckt und nicht schon sehr viel früher?

Wie bei einem Pickel auf der Haut, der sich irgendwann öffnet, gibt es eine Zeit, in der Ereignisse eintreten müssen. Jetzt besteht für die Menschen, die sich zu dieser Pyramide hingezogen fühlen, die Notwendigkeit, sie zu untersuchen, um die Wichtigkeit der Gegenwart hervorzuheben. Alle Probleme können in der Gegenwart gelöst werden … Die Vergangenheit ist die Gegenwart – die Zukunft ist die Gegenwart.

Während diese Anlage erforscht wird, während darüber geschrieben und gesprochen wird, werden die Menschen, die sich dafür einsetzen, die herbeikommen, um sie zu besichtigen, eine Sensibilisierung erfahren. Sie werden auch eine Öffnung des Herzens erleben.

Die Menschen auf dieser Erde kämpfen derzeit mit großen Anstrengungen und Ängsten. Ich spüre, dass dieser Ort sie in der Gegenwart orientiert und ihnen eine Ruhepause gönnt. Alle unsere Hilfsquellen existieren in der Gegenwart … In diesem Sinne ist diese Pyramide ein Geschenk.

Sind dies die ersten europäischen Pyramiden?

Man könnte sagen, es sind die ersten europäischen Pyramiden, und niemand kann das Gegenteil beweisen. Es ist wahrscheinlich sogar etwas Positives, das zu sagen. Es wird mehr Interesse und Aufmerksamkeit wecken. Aus dem Blickwinkel der Äonen der Existenz und der Chroniken ist diese Äußerung nicht von Belang.

Und die Feststellung, dass es sich um die größte bisher entdeckte Pyramide handelt?

Aus dem Blickwinkel der Akasha-Chroniken ist diese Behauptung ein wenig amüsant, weil sie einen Wettstreit andeutet – wie in der Werbung. Die Chroniken meinen: »Sicher, sagen Sie das ruhig.« Das bedeutet jedoch nicht, dass man nicht irgendwann noch größere entdecken wird. Ich bekomme einen Eindruck von etwas weiter im Osten – vielleicht in Russland –, aber das könnte noch weit in der Zukunft liegen, also müssen Sie sich darüber keine Sorgen machen.

Der älteste Beton: Wie steht's mit dieser Behauptung?

Sie dürfen es ruhig als den ältesten Zement bezeichnen, sagen sie – sie finden es amüsant. Sie sagen, das ist ein beeindruckendes Detail, um es an die Leute weiterzugeben. Die Hervorhebung und Beschreibung der Baustoffe, die hier verwendet wurden, ist eine sehr geerdete Art und Weise, darüber zu sprechen. Viele Menschen können das nachvollziehen und werden sich deshalb für die Pyramiden interessieren.

Sie können die Menschen durch Ihre Vorträge und Bücher dorthin führen, durch Ihre Informationen. Wenn Sie die heilende Energie der Pyramide anrufen, oder ihre »Präsenz-Energie«, und sich selbst von der Energie durchdringen lassen, bevor Sie einen Vortrag beginnen, um dann aus dieser Energie heraus zu sprechen, wird das eine starke Wirkung auf die Menschen haben.

Spüren Sie eine Präsenz, wenn Sie sich in der Gegenwart der Pyramiden aufhalten?

Selbstverständlich.

Dieses Gefühl müssen Sie in Ihren Vorträgen vermitteln. Es ist ein echtes Gefühl der Verzauberung ... Ihr Körper fühlt sich sogar lebendiger an. Sie zapfen die in der Pyramide vorhandenen Eigenschaften an und wollen dieses Gefühl in Ihre Forschungen mit einbringen. Wenn Sie in den Tunneln Ausgrabungen vornehmen, dann lassen Sie sich von diesen Gefühlen der Lebendigkeit leiten. Sie können Sie in ihrem Körper spüren. In der Gegenwart mancher Menschen, die Interesse an dem Projekt hegen, fühlen Sie sich lebendiger. Arbeiten Sie weiter damit und Sie werden sich verjüngen. Das ist von großem Wert!

Wie groß ist diese Anlage hier?

Die Anlage ist riesig ... Ich sehe sanft geschwungene Hügel um einen größeren Hügel. Es wurde viel Mühe für die Pyramide aufgewendet, es gab ein großes Interesse an ihr … Die Menschen wollten die Pyramide spüren, wo auch immer sie waren. Manche Teile der Anlage sind so klein, dass Sie sie nicht finden werden. Man könnte sie mit den Labyrinthen vergleichen, die manche Menschen in ihren Gärten bauen.

Was sollte der Schwerpunkt der Ausgrabung sein? Gibt es vielleicht eine Art Abkürzung?

Die Chroniken sagen, das hier ist wichtig: Der schnellste Weg ist nicht immer der, der Ergebnisse bringt … Statt des direkten sehe ich einen eher »weiblichen« Ansatz. Sie sollten mit den Energien dort verschmelzen. Sie sollten auf die Eingebungen der Menschen hören, die mit Ihnen zusammenarbeiten, denn sie empfangen ebenfalls spirituelle Führung. Es besteht hier eine Verbindung zu uralten Anlagen wie denen in Irland. Es gab Reisen, die von diesem Ort ausgingen. Sie können aus vielen verschiedenen Quellen Informationen beziehen.

Haben sie die Materialien aus den Tunneln verwendet, um diese Pyramiden zu bauen?

Ich empfange dafür eine Bestätigung. Der Bau wurde umweltfreundlich betrieben.

Medium 2: Lea Jano

Sie hat alle vier Dias gesehen.

Die Sonnenpyramide ist der Vater, so viel ist klar.

Bestand sie aus Stein, als sie gebaut wurde?

Als die Pyramide ursprünglich gebaut wurde, hatte sie eine goldene Farbe. Primitive – sie waren ägyptischen Ursprungs, doch ursprünglicher – haben sie gebaut. Sie haben sie absichtlich als die Größte gebaut, und das hat mit ihrem Standort auf dem Planeten zu tun.

Sie arbeiteten mit Wesen zusammen, die sie Lichtarbeiter nannten – im Einklang mit ihnen ... Ich weiß nicht, woher diese Wesen stammten. Sie sprechen nicht von den ursprünglichen Bauwerken, sie möchten uns lediglich wissen lassen, dass dies so etwas wie eins der größten Drehkreuze auf dem Planeten zwischen dem Osten und dem Westen war.

Warum wurde sie hier gebaut?

Sie sprechen von gleich– Es hat etwas damit zu tun, gleich zu sein. Der Breitengrad ... Es geht um Gleichartigkeit ... Keine Ahnung, was das bedeutet.

Welchen Zweck hatte dieses Bauwerk?

Es wurde während der Zeit von Atlantis gebaut, und sie sagen, dass viel von Atlantis' Produktivität durch diese Anlage geflossen ist. Diese Anlage war eine Stadt – ein großes Drehkreuz.

Woraus wurde sie gebaut?

Manche der Baustoffe kamen aus den Gebieten, die heute Russland und die Ukraine sind, und manches kam auch von hier. Es war eine Gemeinschaftsarbeit und verschiedene Kulturen wollten daran teilhaben ... wie eine Berufung. Als die Idee entwickelt wurde, wollten verschiedene Kulturen daran beteiligt sein.

Wie alt ist dieses Bauwerk?

40.000 Jahre alt ... 48.000 empfange ich als Antwort.

Die Menschen aus dem Norden wollten besonders gern daran teilnehmen, und sie erwähnen die Griechen. Intellektuelle, sehr kultivierte Individuen arbeiteten zusammen.

Wie lange hat der Bau gedauert?

10.000 oder vielleicht 8.000 Jahre, um die volle Funktionalität einzurichten.

Sehen Sie vielleicht irgendwelche Kammern oder Zimmer in der Sonnenpyramide?

Ich sehe eine Kammer, aber sie hat irgendetwas mit Farbe zu tun. Da drin gibt es irgendwo einen Ort – sie sprechen von Heilung und Vorzeigen – es ist, als steige man eine Ebene tiefer hinab. Sie haben Farbe zur Heilung benutzt …

Ich empfange nichts Spezifischeres.

Ist es ein großes Zimmer, eine große Kammer? Befindet sie sich innerhalb der Pyramide?

Es ist ein leeres Zimmer – leer und dunkel. Man kommt aus einem Gang irgendwo außerhalb der Pyramide dorthin. Es liegt direkt unter der Pyramide, nahe dem unteren Teil.

Werden wir etwas davon in absehbarer Zeit entdecken?

Diese Arbeit wird langsam vorangehen und muss sorgfältig aufgeführt werden, weil alles sehr alt ist. Es ist nicht wie bei manchen der neueren Bauwerke.

Was hat die Entdeckung dieser Anlage für eine Bedeutung?

Wenn Sie den Zweck herausfinden … sollen Sie die Informationen herunterladen.

Welche Informationen?

Die sagen, dass es so etwas wie wertvolle Heilinformationen sind … das, was wir Heilung nennen. Diese höheren Wesen halten so ihren Körper – die Gefäße, in denen sie sich befinden – instand. Es ist eher eine Regeneration, aber wir betrachten es als

Heilung. Sie besitzen raffiniertere Methoden, ihr Wesen zu erhalten … ihre Wesenheit.

Befindet sich irgendetwas unterhalb der Pyramiden?

Unterhalb der Pyramiden sind Tunnel. Sie sprechen von Wasser … Ich weiß nicht, ob das etwas Besonderes ist. Sie haben viele ihrer Rohstoffe von unter der Erde erhalten.

(Dr. Sam zeigt das Tunnel-Dia.)

Was haben sie mit der Erde und dem Schutt gemacht, als sie die Tunnel aushoben?

Die Erde aus den Tunneln war nicht für irgendeinen bestimmten Zweck vorgesehen. Sie wurde mit allem anderen, was sie benutzt haben, vermischt.

Waren die Tunnelbauer denn auch diejenigen, die die Pyramiden errichtet haben?

Das war eine andere Stufe … Ich weiß nicht, ob es Teil des ursprünglichen Plans war.

Welchen Zweck hatten die Tunnel?

Einer der Zwecke bestand darin – für die Auserwählten, die mit der Energie arbeiteten –, von einem zum anderen zu gelangen. Das hatte etwas mit dem Bereich der Aktivierung zu tun. Einer der Gründe für die Tunnel war, dass es dadurch einfacher war, irgendwohin zu kommen. Sie haben an verschiedenen Orten unterschiedliche Dinge gemacht und die Tunnel vereinfachten es, sich von einem Ort zum anderen zu begeben.

Die Tunnel sind alle versiegelt. Wer hat das getan?

Das geschah viel später, ungefähr zurzeit der Maya. Es war nicht besonders beliebt, dort das zu »praktizieren«, was sie praktizierten.

Es gab sogar eine Zeit, in der viel Angst vor dem herrschte, was sie da taten ... Es ist wirklich schwer, das zu übersetzen.

Diese Tunnel wurden während eines späteren Bauabschnitts der Pyramiden gegraben. Man musste einer bestimmten ... nur bestimmte Leute durften in die Pyramiden oder durch diese Tunnel gehen.

Können Sie bestätigen, dass die Sonnenpyramide aus Betonblöcken gebaut wurde?

Es geht wieder um Zusammenarbeit, sagen sie, und Sie haben vorhin einen Witz über die große Anzahl von Männern gemacht, die nötig wären, diese Quader zu bewegen. Sie sagen, es ist nicht so schwierig, wie es zunächst aussieht. Es fiel ihnen gar nicht so schwer, die Blöcke zu bewegen, sondern die Größe des Bauwerks ist der Grund, warum die Bauarbeiten so lange gedauert haben. Zu dieser Zeit konnten Dinge bewegt werden ...

Es fühlt sich ein bisschen unheimlich an ... Ich empfange einen Eindruck davon, dass alles sehr ätherisch war und Objekte mittels Gedankenkraft bewegt werden konnten.

Haben sie diese Pyramide von Grund auf neu gebaut, oder wurde sie aus etwas anderem umgestaltet?

Sie hatten sich für diesen speziellen Bauplatz entschieden und es wurde von unten nach oben neu gebaut.

Wurde sie von Menschen gebaut?

Es waren weiter entwickelte Seelen – nicht so, wie wir heute sind.

Ist der Pyramideneingang in der Nähe der Nordseite der Pyramide?

Ich höre Westen ... und wohl auch über die Südseite.

In der Nähe gibt es einen kegelförmigen Hügel. Was können Sie mir darüber sagen?

Sie reden davon, zum Meditieren dort hineinzugehen. Er ist nicht so alt, wurde viel später gebaut. Sie sagen, dass Sie ihn ausgraben könnten, aber es sei nicht notwendig.

Haben Sie irgendwelche Bohrungen unternommen?

Ja. Wonach sollen wir hier suchen?

Sie sagen, es ist nur ein leerer Raum.

Wir haben einige monolithische Quader gefunden. Was hatten sie für einen Zweck?

Der Monolith sollte die Energie halten. Sie haben ihn in den Tunneln gefunden?

Ja.

Er ist eine Art Duplikat... Welche Form sie auch benutzt haben... Sie benutzten eine Art... Ich kann es nicht klar empfangen.

Ist er hohl?

Nein, ich glaube, er ist fest. Sie wollten etwas replizieren.

Medium 3: Lois Wetzel

Sie hat die ersten drei Dias gesehen.

Es gibt Tunnel, die absichtlich mit Steinen und anderem aufgefüllt wurden, um Menschen daran zu hindern, sie zu betreten. Die Sonnenpyramide ist mit Erde und Flora bedeckt, die erheblich dünner sind als die Menge, die sich an ihrem Fundament gesammelt hat. Lediglich etwa ein Drittel der Pyramide ist überirdisch sichtbar. Wesentlich mehr befindet sich darunter. Das zeigt, wie alt sie ist.

Ich hatte immer den Eindruck, dass Menschen seit ungefähr 500.000 Jahren diesen Planeten bevölkern, aber diese Pyramiden wurden viel früher gebaut – vielleicht sogar vor 750.000 Jahren. Wer hat die Frage gestellt?

Sie wurden bereits einmal ausgegraben und dann wieder zugedeckt. Die Pflanzen wuchsen darauf, starben ab, wuchsen erneut und sammelten immer mehr Erde an. Im Inneren dieser Pyramiden befinden sich Kammern mit versteckten Dingen – für die Zukunft dort aufbewahrt. Hier befinden sich auch Körper für eine außerirdische Rasse, falls sie zurückkommen wollen. Dazu müssen sie die Erlaubnis des Wächters einholen. Wir müssen dort hineingelangen, um etwas zu aktivieren. Es befindet sich allerdings nicht in der Sonnenpyramide, sondern in der Mondpyramide. Der beste Ausgangspunkt, um Zugriff darauf zu bekommen, ist auf der Nordseite der Mondpyramide.

Wenn Sie die Stelle im Tunnel erreichen, die fast einem »T« ähnelt, aber in Wirklichkeit ein »Y« ist, gehen Sie in Richtung Westen – das ist die kürzeste Route. Sie führt leicht nach oben, dann einwärts.

Sie haben viele vergangene Leben im Zusammenhang mit diesen Pyramiden geführt – als Wächter von ... Sie wurden anfänglich Tempel genannt. Ihre Rolle in Ihrer jetzigen Inkarnation ist es, gewisse Dinge zu reaktivieren, damit diese Wesen auf unseren Planeten zurückkommen können, um uns aus der Misere, in die wir uns gebracht haben, herauszuhelfen. Wir haben eine lange Zeit des Vergessens hinter uns.

Sie haben Anleitungen in Form von Bildzeichen hinterlassen. Je weiter Sie die Tunnel öffnen, umso mehr Bilder, Richtungshinweise und Pfeile werden Sie finden. Wenn Sie [Abbildungen von] Menschen mit etwas finden, das aus der Mitte herauskommt und ganz klein ist, und dann Versionen davon, die immer größer werden ... kündet das von etwas, das wieder passieren wird – die gleiche Sache ... Es kündet von sich wiederholenden Generationen. Sie haben versucht, mit visueller Hilfe eine Form der Kommunikation zu erschaffen, die Menschen, die eine Sprache sprechen, die ihrer nicht im Geringsten ähnelt, verstehen konnten. Also hinterließen sie Bilder.

Wer hat diese Bauwerke errichtet?

Diese Bauwerke wurden von Wesen gebaut, die nicht von dieser Welt stammen. Sie wendeten Schwingungstechniken an, wobei sie Dinge aus der Erde heraufzogen, umformten und in die gewünschte Stellung schoben. Sie erlaubten den Menschen, mitzuhelfen – Menschen, die dann später aufstiegen, zu Lichtwesen wurden und keine Körper mehr benötigten. Diesen Kreislauf hat es immer wieder gegeben.

Es waren Wesen aus einem anderen Sternensystem und diese Technologie war allgemein bekannt unter Völkern, die ihre spirituelle Technologie entwickelt hatten ... ihre *innere* Technologie, im Gegensatz zu ihrer äußeren Technologie. Spezies, die zu sehr Maschinen entwickeln – äußere Technologie – und nicht ihre innere Technologie, sterben im Allgemeinen aus. Sie hatten die Fähigkeit, Dinge kraft ihrer Gedanken zu tun: Vibrationen herbeizuführen, etwas zu formen, Gegenstände zu bewegen.

Was hat die Form der Pyramide zu bedeuten?

Das ist eine sehr gute Frage. Es hatte mit der damaligen Wetterlage zu tun ... Es war hier sehr feucht.

Wieso wurde die bosnische Sonnenpyramide so genannt?

Wer hat ihr diesen Namen gegeben?

Das war ich.

(Sie lacht.) Okay, das geschah wegen ihrer Größe in Bezug auf die anderen und wegen der Entfernung zwischen ihnen. Es hat auch etwas mit Schatten zu tun.

Wie viele Kammern?

Ich empfange die Antwort, vierzehn Kammern, und sie möchten wissen, wie Ihnen die Klimaanlage gefällt? Exakt unter der Mitte – sie sind da natürlich wegen der Leylinien positioniert, magnetische Kräfte und Ähnliches. Darunter befindet sich eine sehr tiefe Kammer, die sich mit einem unterirdischen Höhlensystem verbindet.

Es gibt Wesen, die dorthin gehen könnten, aber aus irgendeinem Grund tun sie es nicht. Es scheint da eine Art Vorgabe á la »Hände weg, nicht anfassen!« zu geben.

Sollten wir nach diesen vierzehn Kammern suchen?

Konzentrieren Sie sich auf die inneren Kammern. Die äußeren Ausgrabungen sind nicht so wichtig und können auch später noch vorgenommen werden. Aber das ist Ihnen bereits bekannt ... Sie haben es intuitiv längst erfasst.

Innerhalb der Sonnenpyramide befinden sich vierzehn Kammern. Das hat mit der Frequenz der Heiligen Geometrie zu tun ... In diesem Fall geht es um den Standort jeder Kammer innerhalb der Pyramide relativ zu ihrer Form. Sie ist die einzige Pyramide, die so geformt ist. Der Weg hinein sieht wie ein »V« aus, nicht wahr?

Ja.

Es gibt eine Energie, die durch die Mitte einer Pyramide direkt nach unten verläuft und diese Energie lässt sich nicht aufhalten. Man kann sie nur daran hindern, Schaden anzurichten, wenn man etwas mit den Seiten der Pyramide macht. Es gibt dort Einkerbungen, um diese zentrale Energie daran zu hindern, auf der anderen Seite – durch den Planeten hindurch und in gerader Linie weiter in den Kosmos hinaus – irgendwelche Schäden anzurichten. Diese Energie kann sehr gefährlich werden, und deshalb wurde die Pyramide auf diese Weise geformt. Warum die Einkerbungen so tief sind, weiß ich nicht. Wenn sie solche Einkerbungen aufweist, sendet sie eine andere Frequenz aus.

Aus welchem Material haben sie diese Pyramide gebaut?

Es war eine Kombination aus Stoffen, die sie aus der Erde heraufvibriert und gemischt haben. Der Beton enthält kleine Steinchen. Es sieht aus wie ein Zuschlagstoff, aber das stimmt nicht, es ist etwas anderes ... Es besteht aus Kalk und ich glaube, ich höre ... Asbest? Es ist irgendwie behandelt worden und wurde dann flüssig.

Warum erfolgte die Entdeckung erst jetzt?

Oh, wir sind hypnotisiert worden. Es gibt jede Menge Dinge unter der Erde: Zivilisationen, Tunnel ... Sie wollten nicht, dass wir mit ihnen interagieren, damit wir ihnen – oder uns selbst – nicht schaden. Es gibt da Dinge, mit denen wir uns sehr schaden könnten, wenn wir uns diesbezüglich töricht anstellten.

Sie sagten, dass die Tunnel aufgefüllt wurden, damit wir keinen Zutritt haben ...

Das geschah, um Dinge innerhalb der Pyramide und darunter zu schützen. Und es geschah viel später ... als sich herausstellte, dass die Zivilisation im Niedergang begriffen war ... Außerdem sollte dadurch die Erosion der Pyramide, wie sie die ägyptischen Pyramiden erlitten, verhindert werden. Die Erde unter der Oberfläche war nämlich anfangs sehr feucht. Sie bauten eine Mauer, pumpten den Schlamm hinein, um den Tunnel zu füllen, ließen ihn austrocknen und bauten noch eine Mauer, pumpten abermals Schlamm hinein und füllten alles auf. Hätten sie versucht, alles auf einmal zu machen statt in einzelnen Abschnitten, wäre alles zerflossen, bevor es trocknen konnte … Menschen haben das getan. Sie wollten damit etwas Heiliges beschützen, vor dem sie Ehrfurcht hatten.

Während wir die Tunnel ausgraben, räumen und sichern wir die Ausgrabungsorte. Machen wir damit etwas falsch?

Ihre Arbeitsmethode ist in Ordnung. Darunter wird sich eine Kammer finden, die mit ähnlichem Schotter gefüllt ist. Es gibt Schächte, die des Lichts wegen nach oben führen, aber die sind natürlich mit Erde bedeckt. Waren Sie auch schon ganz oben und haben versucht, die Erde wegzukratzen?

Nein, auf der Spitze befindet sich eine mittelalterliche Burg und sie steht unter Denkmalschutz.

Oh, dann werden sie diese Arbeit nicht zulassen.

Die letzte Ausgrabung fand dort vor 40.000 oder 50.000 Jahren statt. Die Bevölkerung war zu der Zeit menschlich, allerdings ziemlich weit fortgeschritten – weiter als wir.

Es gibt eine Stelle, wo die Tunnel aufwärts führen … Ich glaube, die ist bei der Mondpyramide … aufwärts und nach links.

Diese weißen Orbs [im Tunnel] habe ich auch in meinem Behandlungszimmer. Sie reagieren übrigens auf Klang.

Orbs sind Geistwesen. Sie sind immer präsent gewesen, wir haben sie bisher nur nicht gesehen. Die Digitalphotografie ermöglicht uns jetzt, Bilder von ihnen festzuhalten, aber Menschen fangen nun an, sie mit bloßem Auge zu sehen. Sie folgen Ihnen, besonders zu Ihren Vorträgen, um die Frequenz der Energie im Raum zu erhöhen. Dadurch können die Vortragsbesucher Sie auch in ihrem Herzen hören und nicht lediglich aus den Ideen heraus, die in ihre Köpfe eingepflanzt worden sind. Diese Geistwesen befinden sich in den meisten Höhlen überall und reagieren auf Klang: Musik, Gesang – sie reagieren besonders auf die menschliche Stimme. Sie sind ständig um Sie herum, denn Sie sind ein außerordentliches Wesen und Sie sind hier, um eine spezielle Aufgabe zu erfüllen. Die Wesen halten die schützende Frequenz um Sie herum höher, rein und freudig. Sie wollen Freude hereinbringen. Sie kommunizieren mit Ihnen, aber das wissen Sie ja bereits.

Die Tunnel sind komplett gefüllt, weil sie sonst eingestürzt wären. Einige Ereignisse, die über die Jahre stattgefunden haben, hätten sie sonst längst zum Einsturz gebracht. Sie wurden aufgefüllt, um ihre Form und strukturelle Stabilität zu gewährleisten, damit man sie wiederfinden konnte.

Das Wichtigste ist die Mondpyramide. Sie ist mein Favorit – dort sind die ganzen Leckerbissen zu finden! Die große Belohnung ist da drin. Sie müssen sich nicht um das Äußere kümmern, denn das wird sich später ergeben.

Und wie gelangen wir da hinein?

Gehen Sie von der Nordseite aus vor. Dort befindet sich etwas, das kurvenförmig aussieht und mit Vegetation bedeckt ist. Auf der Nordseite – dort müssen sie hineingehen.

Innerhalb der Mondpyramide befindet sich der Mutterleib und dort muss etwas aktiviert werden. Ich weiß nicht, ob Folgendes symbolisch oder real ist, aber ich sehe Körper in einem Zustand der vorübergehenden Leblosigkeit – Körper, die Wesen aus anderen Sternensystemen gehörten – in einer der Kammern. Sie müssen reanimiert werden, damit die Wesen sie wieder bewohnen können.

Anbetung ist einer der Zwecke, wofür die Pyramide gebaut wurde. In vielen, vielen Kulturen auf diesem Planeten wurden die Sonne und der Mond angebetet. Sie sind heilige Objekte, und die Pyramiden erweisen dem Bewusstsein dieser Gestirne Respekt, Ehre und Ehrerbietung. Die Pyramiden bündeln diese Energie, um das zu ermöglichen. Außerdem sind sie Bibliotheken voller Informationen.

Egipćanin dr. Abdel Swelim tvrdi:

Bosanska piramida Sunca najveća na svijetu

U Visokom je najveća piramida na svijetu, genijalan i kompilkovan građevinski poduhvat koji je od velike važnosti za cijeli svijet, izjavio je u nedjelju na konferenciji za novinare trostruki doktor arheologije i egiptologije prof. dr. Nabil Mohamed Abdel Swelim iz Egipta.

Piramida sunca

„Ovo je nevjerojatno otkriće i biti će potrebno mnogo vremena da shvatimo o čemu se ovdje radi i kako su građene ove veličanstvene kamene strukture", kazao je Swelim.

Mišljenje o arheološkom nalazištu u Visokom dali su i prof. dr. Mona Fouad Aly, načelnica Odjeljenja za restauraciju Arheološkog fakulteta Univerziteta u Kairu te njen kolega prof. dr. Suleiman Hamed El Haweli, ekspert za faraonski period Arheološkog fakulteta Univerziteta u Kairu.

„Sve što smo vidjeli ukazuje na činjenicu da je ljudska ruka gradila ove strukture. Naravno, potrebno je još istraživanja, rada na terenu, laboratorijskih analiza kako bi se utvrdilo ko je, kada i zbog čega gradio ove piramidalne građevine. Već sam uzela uzorke s lokacija u Visokom i analizirati ćemo ih u našim laboratorijama te obavijestiti Fondaciju o rezultatima", kazala je Fouad.

Profesor doktor Hamed je istakao važnost faktora strpljenja i kontinuiranog rada na ovom, kako je rekao, veoma važnom arheološkom nalazištu.

"U budućnosti ćemo Bosnu i Hercegovinu nazivati zemljom piramida", kazao je prof. dr. Hamed.

In einem bosnischen Zeitungsartikel erklärt der prominente Ägyptologe Nabil Muhamed Abdel Swelim: »Die bosnische Sonnenpyramide ist die größte Pyramide der Welt.«

Medium 4: Jeanne Lubbers

Sie hat alle vier Dias gesehen.

Als ersten Eindruck empfange ich, dass es ein nettes Versteck war. Das Terrain war damals nicht so sehr anders als heute, was die Berge und Hügel betrifft. Es war wie ein Täuschziel, ein Ort, der als Lockmittel diente.

Es gibt auf dieser Seite [Osten] direkt in der Mitte der Sonnenpyramide eine Öffnung … zumindest gab es sie früher einmal. Da war eine riesige Tür, die sich öffnen ließ, und ein Raumschiff passte hindurch. Im Inneren gab es eine Stadt … Sie betrachteten sie als Zufluchtsort: als ein Versteck, einen Ruheort.

Wer waren sie?

Wir würden sie nicht als »vom Licht« betrachten. Es war hier wie in *Star Wars*, und dies war eines ihrer Verstecke. Ich spüre negative Energie. Drinnen befinden sich Artefakte und Knochen … auf dieser Seite [Norden] zum Boden hin. Knochen, Skelette, und sie haben sehr ungewöhnliche Köpfe. Sie gehören definitiv nicht zu unserer Rasse.

Wie tief?

Oh, es ging hundert bis zweihundert Meter nach unten. Es war ziemlich tief.

Wenn ein Raumschiff in der Mitte ankam, wurde es bis zum Boden heruntergelassen. Da unten gab so etwas wie eine Andockstelle mit kleineren Schiffen ringsherum. Sie begaben sich dann wieder in die Mitte, stiegen bis zur Tür hinauf und flogen hinaus.

Wann geschah das?

Das war vor langer Zeit – noch weit vor der christlichen Zeitrechnung. Es könnte während des elektrischen Kriegs gewesen sein, der auf unserem Planeten eine Menge Schaden angerichtet hat.

Diese Ausgrabungsstätte ist sehr alt. Unser Luftraum stand damals vielen verschiedenen Rassen offen. Heute ist er kontrolliert, so dass nur bestimmte Rassen reinkommen können, aber damals stand er ganz vielen offen. Dieser Planet hatte alles, was sie wollten. Er ist schon seit Millionen von Jahren ein grüner Planet mit Wasser und viele verschiedene Rassen wollten ihn besiedeln. Darum nehmen die Anunnaki auch eine so beschützerische Haltung gegenüber diesem Planeten ein, denn sie halfen dabei, uns zu zivilisieren.

Welche Arbeit sollten wir hier denn leisten? Was sollten wir auf dieser Seite der Pyramide tun?

Warum ignorieren Sie die andere Seite?

Dort hatten wir angefangen, aber die Grundeigentümer ließen uns nicht mit der Arbeit fortfahren. Sie wollten uns das Land für weit mehr verkaufen, als es wert ist.

Gibt es eine bestimmte Stelle, auf die wir uns konzentrieren sollten?

Sie sollten auf zwei Punkte achten. Wenn Sie in diesen Bereich gelangen könnten und dann nach unten steigen, werden Sie relativ viele Artefakte finden. Wenn Sie diese Öffnung finden können, diese Tür, die aus einem ungewöhnlichen Material besteht, das nicht von unserer Welt stammt … Die Wesen haben dort vielleicht irgendetwas getan … wie in einem Science-fiction-Film, wenn ein Außerirdischer auf etwas bläst und es sich in Eis oder in einen undurchdringlichen Stoff verwandelt.

Die Sonnenpyramide ist so verdammt groß wegen der Schiffe, die dort ankommen. Es gab Wohnquartiere und Lagerhallen. Ein kleiner Kerl, den ich gesehen habe, war einer der Sklaven, die alles in Ordnung hielten und ihnen – den Meistern – dienten.

Das Areal war komplett unter Wasser und all das geschah vor der Zeit von Atlantis und Lemurien. Es ist eine Stadt, in der sie lebten und sich verborgen hielten … vor sehr langer Zeit.

Wann haben sie gelebt und was ist geschehen?

Ich empfange gerade so etwas wie ein Gefühl des Schüttelns. Jemand hat dem Planeten etwas angetan, das ihn in Bewegung versetzte. Er wurde allmählich unstabil und sie wussten, dass sie fort mussten, weil er zerstört werden würde. Dann veränderte sich die Landmasse und das Gebiet wurde mit Wasser überflutet.

Können Sie in dieser Pyramide Energie spüren?

Sie werden Energie finden, wenn Sie zum Zentrum gelangen. Sie ist wie ein Lichtstrahl, der geradlinig durch die Mitte hindurchgeht und in Verbindung steht mit einem – nun ja, ich würde es als Computer beschreiben – einem Energiefeld, mit dem die Meister dieser Pyramide immer noch verbunden sind. Für sie war es etwas, das wir vielleicht als »Wurmloch« bezeichnen würden: ein Weg, auf dem sie zurückkommen konnten. Sie mussten eine bestimmte Art von Energiefeld aufbauen, um durch unsere Atmosphäre zu kommen. Dieses Energiefeld ist wie ein Leuchtfeuer, das sie anzapfen können, um seinen Standort festzustellen.

Ich muss Sie aber warnen: Vergewissern Sie sich, dass Sie die korrekte Ausrüstung haben, um das Energiefeld und seine Stärke registrieren zu können, wenn Sie sich ihm nähern, denn ich bin mir nicht sicher, ob nicht jemand, der damit plötzlich in Kontakt kommt, dadurch buchstäblich explodieren und zu Atomen zerfallen würde. So stark ist das Energiefeld, und es hat einen Durchmesser von zwei bis drei Metern. Seien Sie sehr vorsichtig dabei, darauf zuzugreifen, etwas zu öffnen oder aufzuwecken. Sie könnten sonst etwas auslösen, wenn Sie zur Mitte des Feldes gelangen.

Ihr Meisterlehrer sagt gerade, dass sich das, wonach Sie suchen, in der anderen Pyramide befindet. Er warnt Sie vor dieser hier. Er wird Ihnen dabei helfen, sich an die Kriege zu erinnern, denn Sie wollen sie sicher nicht aufs Neue entfachen. Das ist eine ziemlich starke Botschaft.

Dies ist die Feuerpyramide. Darum wollen sie nicht, dass Sie damit herumspielen.

Die Wesen, die dort waren, sind so etwas wie die Vorfahren der Maya … Sie hatten ähnliche Riten und Glaubenssätze wie die Eingeborenen. Sie waren diejenigen, die diese Stadt gründeten. Die Wesen, von denen ich vorhin sprach, waren die Kerle, die später herkamen und sie im Wesentlichen auslöschten und die Pyramiden übernahmen.

Diese Pyramide war ihnen besonders wichtig, weil ihre Energiequelle hier untergebracht war. Was die anderen Pyramiden angeht: Die Liebespyramide war wie eine Kirche oder ein Zufluchtsort, und Sie werden ihre Energie wirklich genießen, wenn Sie dort hineingelangen. Die Mondpyramide diente Ritualen. Die Energien in ihr waren eher aus dem kosmischen Reich, also himmlische, überirdische Energien. Es war ein Ort, an dem sie mit ihren Vorfahren kommunizieren und Rituale ausführen konnten. Die Erdpyramide ist eher auf weibliche Energie ausgerichtet. Ich sehe darin mehr weibliche als männliche Präsenzen. Die Leute, die darin arbeiteten, waren sehr stark mit Mutter Erde verbunden, sie arbeiteten dort mit den Elementen unseres Planeten.

Warum gibt es so viel Widerstand gegen dieses Projekt? Obwohl ich immer mehr Beweise entdecke, gibt es immer noch Leute, die es aufhalten wollen. Warum?

Die Menschen, die Ihnen Widerstand entgegenbringen, tragen in sich Erinnerungen – auf zellularer Ebene –, die nicht gut sind. Wenn Sie sie hypnotisieren könnten, würden sie Ihnen wahrscheinlich viele Informationen über dieses Gebiet in uralten Zeiten geben. Sie wollen hier nichts aufwecken, weil sich hier gewisse Ereignisse abgespielt haben – also Dinge, die ihren Vorfahren widerfuhren und die diese durch viele Generationen weitergegeben haben. Sie haben Angst, dass Sie ein Ungeheuer entfesseln könnten. Das hängt mit diesem Lichtstrahl zusammen. Nun ist das Gefühl, dass hier ein negatives Szenario lauert, tief in ihnen verwurzelt. Diese Menschen haben Angst.

Ein Wesen in einer Uniform ist gerade zu mir gekommen, und ich möchte ihn Ihren Nordischen Vater oder Anführer nennen. Er trägt, wie gesagt, eine Uniform und steht in einer kraftvollen Pose der Macht da – die Hände in die Hüften gestemmt. Er strahlt eine sehr strenge, väterliche Energie aus.

Das hat seine Gründe. Er will nicht, dass Sie sich Zugang zu diesem Lichtstrahl verschaffen, wegen der Dinge, die das auslösen könnte. Er hat keine Einwände gegen das Betreten der anderen Pyramiden, aber das hier ist das Kraftzentrum. Es ist, als würde ein Vater zu seinem Sohn sagen: »Kannst du dich damit zufriedengeben und die Finger vom Feind lassen?« Der Lichtstrahl hat verdammt viel Kraft und die Fähigkeit, etwas auszulösen … Ich weiß nicht, was.

Will er mir sonst noch etwas sagen?

Sie werden in den anderen Pyramiden Geschenke für die Erdenmenschen finden – Historisches, Artefakte – und Sie könnten der gefeierte Wissenschaftler sein, der das alles entdeckt und geborgen hat. Nur die große Pyramide ist die Gefahrenzone.

Wie steht es mit den Tunneln?

Dieses ganze Gebiet war eine Art Tarnung. Ich sehe Wesen in den Tunnel gehen. So etwas wie Marsmenschen, wie wir sagen würden. Auch sie wieder ohne viel Licht. Sie lebten eigentlich sehr tief unten ... Wenn Sie da hinunter in die Tiefe gelangen, wird es nicht so aussehen. Es ist wie der Unterschied zwischen der Steinzeit und dem modernen Zeitalter: deutlicher strukturiert, gestaltet, mit Zimmern und einem technologisch wirkenden Ambiente. Das Wesen, das da gerade unterwegs ist, hat seltsam aussehende Füße und geht etwas nach links geneigt. Sehr kurze Beine, lange Arme, komische Füße – es erinnert mich an einen Science-fiction-Film – und komisch aussehende Ohren. Er war ein Arbeiter, ein Sklave der Wesen, denen die Pyramide gehörte. Das war vor mindestens 50.000 Jahren. Sie haben von ihrem Heimatplaneten Sklaven mitgebracht, um diesen Planeten zu testen. Sie haben diese Welt ausprobiert.

Die Pyramide war ihr Zuhause ... ihr Unterschlupf, während sie hier ihrer Aufgabe nachgingen. Sie hatten nichts im Sinn mit den anderen Wesen hier, die höher entwickelt waren als sie. Die Höherentwickelten waren mehr geistig ausgerichtet, im Vergleich zu denjenigen, bei denen der Emotionalkörper aktiviert war. Diese Gruppe war auf das aus, was wir Gier, Machtgelüste und Kontrolle nennen würden.

Es ist wie ein massives Feuer – eine Fackel –, als schlössen die Antriebsausstöße eines Raumschiffs urplötzlich das ganze Gebiet ein, und sobald das geschah, fiel das gesamte Material, aus dem es bestand, was auch immer es war, in sich zusammen und zerbröselte in seine Bestandteile. Im Laufe der Epochen wurde es dann zu kleinen Partikeln in unserer Atmosphäre und dem Wasser und die Substanzen verwandelten sich in etwas, mit dem wir heute besser vertraut sind.

Wer hat diese Anlage gesperrt?

Sie verschlossen diese Kammer und versiegelten andere Kammern und den Zugang von außen komplett.

Warum grabe ich diese Tunnel aus? Wohin führen sie?

Sie nicken einem anderen zu, er soll vortreten, und ich nehme an, dass er einer Ihrer Lehrer ist. Vermutlich kommt er, um Ihnen zu sagen, warum Sie hier sind und warum Sie in dieses Projekt involviert sind.

Der alte, außerirdische Teil Ihrer Seele ist sich dieser Wesen sehr wohl bewusst. Im Ihrem Innersten wussten Sie, dass sie eine bestimmte Art von Technologie versteckt haben, die jenseits unseres heutigen Verständnisses liegt. Ihr ursprüngliches Volk bekämpfte das Ursprungsvolk dieser Wesen. Ihr Volk wusste und verstand, was sie auf diesem Planeten getan hatten, und Sie hatten einen starken Seelendrang, derjenige zu sein, der die Dinge wieder zurecht rückte. Sie waren der Rangzweite nach dem Befehlshaber und hatten das Gefühl, dass Sie Ihre Leute im Stich gelassen hatten, weil die anderen einige aus Ihrem Volk getötet hatten.

Es war ein Überraschungsangriff ... Sie kamen sozusagen durch die Hintertür und fügten so vielen Ihrer Leute so viel Schaden zu, dass Sie sich dafür irgendwie verantwortlich fühlten.

Ich höre, wie Sie zu Ihrem – wir würden ihn heute Kommandeur nennen – sagen: »Ich habe es nicht kommen sehen, ich habe es nicht kommen sehen.« Und Sie haben immer wieder in jeder Reinkarnation versucht, an die Informationen, die sie tief unten versteckt hatten, zu gelangen. Wie fühlen Sie sich, wenn ich das sage?

Ich finde es amüsant. Warum mache ich das hier heute?

Sie haben noch nicht alle Antworten und Sie werden weitermachen, bis Sie sie finden.

Wohin führen diese Tunnel? Sind sie ein Netzwerk? Wohin führt es?

Es ist keine riesige Katakombe. Nach allem, was ich sehe, ist es keine besonders aufwendige Katakombe.

Was hat es mit der Mondpyramide auf sich?

Die Mondpyramide enthält heilige Schwingungen. Sie ist die Verbindungspyramide zum Himmel – das heißt, dass sie als eine Art kosmologisches Observatorium dienen kann. Es ist ihre Methode, weit hinauszublicken. Die Energie auf den Fotos erinnert eher an die Maya und ist vor der Gruppe mit negativer Energie angesiedelt. Diese Anlage weist einen starken Einfluss der Maya auf.

Enthält der Monolith irgendetwas?

Der Monolith ist futuristisch – aber nicht bezüglich der Erdenmenschen. Er hat eine ungewöhnliche Energie … und ich versuche zu sehen, was sich darin befindet … wie ich eindringen kann. Ich spüre, dass er eine schützende Materie aufweist, die etwas umgibt, in das der Mensch nicht einzudringen weiß. Wenn zum Beispiel ein außerirdischer Bruder in einem Raumschiff hier ankäme, könnten wir die Technologie nicht verstehen.

Das, was Sie Keramik nennen, ist mehr als ein Keramikstoff und stammt nicht von unserem Planeten. Das Objekt war in Wahrheit ursprünglich größer. Etwas ist damit passiert und die ganze Luft ist daraus entwichen. Es ist kein Raumschiff.

Ach, okay … Das hier war wie ein Labor, wie eine Hülse, wo sie genetische Experimente durchführten. So dumm sich das auch anhören mag – das ist es, was ich empfange. Eine gigantische Hülse mit Brutkästen … und innerhalb von jedem schwebte ein Wesen. So haben sie sich vermehrt!

Ist jetzt etwas darin?

Es enthält eine Substanz, aber ich weiß nicht, ob wir Menschen sie verstehen könnten. Sie haben mit ihrer Zerstörung ganze Arbeit geleistet. Mit der Zeit hat sich der Inhalt in andere Stoffe verwandelt, kristallisierte oder wurde zu Stein.

Hatte das mit den Pyramidenerbauern zu tun?

Am Anfang waren sie die Vorfahren der Maya, und sie waren voller Liebe.

Dann aber kamen diese bösen Wesen und übernahmen alles. Sie brauchten mehr Leute, also befahlen sie ihren besten Genetikwissenschaftlern, mehr Wesen zu erschaffen – wie der Kleine, den ich anfangs gesehen habe.

Ihre Seele, Ihr Bewusstsein stand in Kontakt mit der Maya-Rasse. Ein Teil dieses Unternehmens besteht darin, dass Sie die ganzen Ungerechtigkeiten verstehen und korrigieren wollen, um ein positiveres Verständnis der Prozesse der Evolution zu ermöglichen.

Medium 5: Diane Gremmel

Sie hat alle vier Dias gesehen.

Da ist eine deutliche Struktur. Es wäre interessant, die Art und Weise, in der die Flora auf gewissen Teilen der Pyramide wächst, mit dem Erdreich drumherum zu vergleichen, um festzustellen, ob die Vegetation dort schneller oder langsamer wächst.

Gab es solche Studien schon?

Warum sagen Sie mir das?

Es ist mir eingegeben worden ... Pyramiden können höhere Energie von einer höheren Ebene aus empfangen. Die Frage ist also, wie erlebt die Vegetation diese höhere Schwingung – und wie erleben die Leute in der Umgebung sie?

Wie würden Sie die Vegetation denn beschreiben?

Ich würde annehmen, dass sie gesünder und schneller wächst. Wenn wir es mit Energie einer höheren und stärkeren

Frequenz zu tun haben, müsste das schließlich Auswirkungen auf die Pflanzen haben.

Flora und Menschen können in Energie einer unterschiedlichen und höheren Frequenz, als wir sie auf Erden haben, gut gedeihen. Wenn wir diese Energie nutzen, werden auch wir besser gedeihen und schneller und in einer positiveren Richtung wachsen.

Was befindet sich dort unter der Oberfläche?

Da findet eine Art Umgestaltung statt. Ein Teil der Nahrung der Pflanzen ist Energie, die durch die Form und den Standort der Pyramide angezogen wird.

Welche Arten von Energie könnten denn auf die Vegetation einwirken?

Es könnte sich um Magnetfelder handeln oder – wie Energiearbeiter es kennen, die es gewohnt sind, mit Schwingungen zu arbeiten – um ganz und gar positive oder negative Energien, die auf bestimmten Ebenen in Resonanz gehen. Hier ist die Resonanz einfach höher. Elektromagnetische Felder könnten allein schon durch die Form gewisser Bauwerke entstehen, wodurch die Energie in die eine oder andere Richtung gelenkt wird.

Diese elektromagnetische Energie, die durch die Form der Pyramiden entsteht, fließt sie? Fließt sie innerhalb der Pyramiden?

Energie kann manipuliert werden. Es gibt Wege innerhalb der Pyramiden oder um sie herum, die bewirken können, dass die Energie sich in eine bestimmte Richtung bewegt oder in einem gewissen Winkel. Also, ja: Ich denke, dass Energie innerhalb der Pyramiden manipuliert werden kann.

Diese Richtungen, die Sie erwähnen – meinen Sie von unten nach oben oder etwas, das sich horizontal ausbreitet?

Wir könnten uns natürliche Formationen oder sogar andere Pyramiden ansehen und schauen, wie sich die elektromagnetischen Frequenzen verhalten. Wir könnten auch vergleichen, wie unterschiedlich die Energie jeweils angezogen wird.

Mit anderen Worten: beides.

Sie haben gesagt, es gäbe eine Verbindung zwischen den Pyramiden. Bedeutet das, dass sie gemeinsam funktionieren?

Ja, sie können sowohl individuell als auch als Ganzes wirken. Vielleicht ziehen sie als komplettes Netzwerk um die ganze Erde herum Energie an und dienen außerdem noch auf unterschiedliche Art und Weise der örtlichen Energie.

Dann haben die Pyramiden also mehrere Zwecke?

Ja. Sagen wir einmal, wir haben zwei Ventilatoren: einen in diesem Fenster und einen in jenem. Zusammen erzeugen sie eine positive Brise für die Person drinnen, aber beide kühlen außerdem die Person, die vor ihnen steht.

Ich nehme an, Sie haben entweder positive oder negative Wahrnehmungen. Welchen Eindruck empfangen Sie bei dieser Anlage?

Ich habe positive Gefühle hinsichtlich dieses Bauwerks. Macht kann ebenso für Positives wie für Negatives eingesetzt werden, aber ich glaube, dass die Absicht sich hier bestimmt auf positive Energie aus einer höheren Ebene richtete.

Verschiedene Formen aus unterschiedlichen Steinsorten leiten Energie auf unterschiedliche Weise. Sie sind alle Teil des »Riesenradios«, das Energie von dort draußen oder oben empfängt. Alles, was auf diese Art Energie empfängt, kann auch Informationen senden. Diese Informationen können von anderen gesammelt werden oder auch nicht.

Wer waren die Erbauer dieser Anlage?

Dieser Ort wurde mit Hilfe höherer Schwingungsenergien gebaut. Die damalige Gesellschaft war zwar wissenschaftlich nicht besonders fortgeschritten, aber sie hatte hohe mentale Fähigkeiten. Sie glaubte fest an diese Energien, die aus höheren Ebenen stammen. Nach unserem Ermessen waren sie weniger zivilisiert, aber in gewisser Hinsicht – der des geistigen Bewusstseins – waren sie sogar zivilisierter: Sie besaßen ein spirituelles Bewusstsein und Respekt für höhere Energien.

Würden wir sie als Homo sapiens bezeichnen?

O ja, auf jeden Fall, aber ihre Kultiviertheit war von ganz anderer Art als unsere heutige.

Wie viele von ihnen gab es?

Tausende. Manche dieser Gebiete wurden zu bestimmten Zeiten von anderen Orten aus kolonisiert.

Werden wir Überreste einer einheimischen Bevölkerung finden?

Sie werden Knochen, Hinweise und Artefakte finden.

Wer waren diese Leute?

Sie hatten helle Haare und Augen und sie kamen in Frieden. Sie wollten lernen, lehren und uns helfen, in einer positiveren Richtung zu wachsen.

Warum gerade dieser Standort?

Wenn wir die verschiedenen Pyramiden überall auf der Welt betrachten, merken wir, dass eine Energie sie alle miteinander verbindet. Die Energie dieses Ortes zu dieser Zeit machte ihn zum korrekten Standort.

Funktioniert das heute noch?

Diese Anlage ist groß und sie ist Teil einer Einheit. Sogar die Pyramiden, die noch nicht entdeckt worden sind, haben hinsichtlich ihrer Energie irgendeine Funktion. Das Ganze funktioniert jetzt aber vielleicht nicht mehr so gut wie damals, als es gebaut wurde.

Gab es hier mehrere Zivilisationen?

Ich glaube ja. Möglicherweise kam eine Zivilisation einst aus einer anderen Galaxis hierher und baute diese Anlage.

Aus welchem Grund bin ich involviert?

Ich sehe, dass Sie als Wissenschaftler verstehen wollen, wie diese Pyramiden als Ganzes zusammenwirken. Sie haben auch ein persönliches Interesse, das über ihre wissenschaftliche Aufgabe hinausgeht.

Ich spüre, dass bei Ihnen ein außerirdischer Kontakt besteht. Manche Menschen sind sich dessen bewusst, andere nicht. Sie haben Erfahrungen gemacht – eine Verbindung führt in Ihre Vergangenheit, sie reicht Tausende von Jahren zurück. Sie erhalten Informationen auf eine Art, die anders ist als die Art, in der eine Durchschnittsperson Informationen empfängt. Sie empfangen ihr ganzes Leben lang – in dieser Inkarnation – von einer höher schwingenden Energiequelle aus.

Welche Rolle spiele ich bei dieser bestimmten Entdeckung?

Momentan befinden sich Menschen unter uns, die dabei helfen, dieses Puzzle zusammenzufügen. Sie sind einer von ihnen. Diese Pyramiden sind das Puzzle … die Frage, wie sie uns helfen oder hindern können. Es gibt Menschen, die ich als Übersetzer bezeichnen würde und die für Dinge offen sind, die außerhalb des Bereichs der Wissenschaft liegen.

Hat diese Pyramide eine Zukunft?

Diese Pyramide empfängt bereits Informationen und Wissen auf eine Art, die uns nicht ganz bewusst ist. Damit haben diese und alle anderen Pyramiden bereits eine Zukunft. Es besteht eine Verbindung zwischen diesen Pyramiden und allen anderen überall auf der Welt. Es existiert ein Muster, das wir eines Tages erkennen werden.

Bisher haben wir fünf Pyramiden im bosnischen Tal der Pyramiden entdeckt. Wurden sie alle zur gleichen Zeit gebaut oder zu verschiedenen Zeiten?

Sie wurden als Einheit gebaut und sollten als Einheit funktionieren.

Wie lange hat es gedauert, die ganze Anlage zu bauen?

Es hat nicht so lange gedauert, wie die moderne Wissenschaft annimmt. Es geschah relativ zügig. Das Gefühl, das ich empfange ist, dass sie »von einem System« sind.

Im Inneren befindet sich Energie und etwas Metallisches im Boden oder im Stein – etwas sehr Ungewöhnliches. Es gibt Energie ab, empfängt sie und erhöht sie. Danach wird diese Energie von der Pyramide ausgestrahlt.

Ich werde dahingehend instruiert, die Passagen als Routensysteme der Energie zu betrachten. Es ist eine Methode, um Energie zu transportieren. Sie wird in bestimmten Bereichen konzentriert.

Es gibt noch weitere Steinformationen unter der Pyramide. Ich weiß nicht, aus welchem Stein sie bestehen, aber es fühlt sich so an, als wären sie aus Kristall oder Quarz.

Die empfangene Energie stammt aus einer natürlichen Quelle, die aber unsere heutige Wissenschaft nicht verstehen könnte. Das Ganze wurde so ausgerichtet, dass die Energie auf natürliche

Weise zusammenkommt. Darum gibt es nicht unbedingt eine »Station« irgendwo, die die Energiemenge, die wir empfangen oder senden können, die ganze Zeit anliefert. Die Energie, die hereinkommt, unterliegt einem natürlichen Fluss aus dem Universum. Dieser Energiefluss kann gemessen werden. Kann unsere jetzige Welt ihn verstehen? Wahrscheinlich nicht.

Die Tunnel fangen drei Kilometer vor den Pyramiden an. Was können Sie mir darüber sagen?

Irgendwann befand sich dort unten eine Heilkammer. An diesem Ort war die Energie genau richtig, um die Heilung des Körpers zu beschleunigen. Die Gänge sind so geformt, dass die Energie sich in eine bestimmte Richtung bewegt. Auch gewisse Dinge im Stein dort spielen eine Rolle, die diese Energie so stark wie möglich machen. In anderen Bereichen versuchen sie vielleicht, die Energie zu zerstreuen.

Wer hat die Tunnel gebaut?

Die Tunnel fühlen sich an, als wären sie von irgendwelchen außerirdischen Kräften gebaut worden. Sie bewegten die Energie für ihre eigenen spezifischen Zwecke, entweder um aus der Dimension, aus der sie kamen, hierher zurückzureisen, oder um sie auf andere Weise anzuwenden. Sie waren für die Tunnel verantwortlich.

Ich spüre, dass sie kleiner sind. Ich bin nicht sicher, ob es dieselben sind, die die Pyramiden erbauten. Es fühlt sich so an, als seien sie nicht so hell und klar. Manche Menschen nennen sie Greys oder auch »Graue«.

Die Tunnel wurden von einer außerirdischen Quelle gebaut, und es hat keineswegs Millionen von Jahren gedauert. Sie hatten so etwa wie einen Laserstrahl, der es ihnen erlaubte, den Bereich ohne große Probleme buchstäblich herauszumeißeln.

Wie sollen wir beim Ausgraben der Tunnel vorgehen?

Wenn Sie die Tunnel als eine Möglichkeit betrachten, Energie zu lenken oder zu zerstreuen, und sie blockiert waren, wodurch die Energie sich sehr stark aufstaute ... kann durch die Ausgrabungen meines Erachtens nach kein großer Schaden entstehen. Allerdings ist etwas definitiv aus dem Lot. Mir stellt sich die Frage, ob es diese Tunnel nicht auch auf der anderen Seite gibt, nicht nur auf dieser Seite. Ich spüre, dass es weitere Tunnel gibt, die noch nicht entdeckt wurden.

Sind die Pyramiden durch Tunnel verbunden?

Manche Pyramiden sind durch die Tunnel miteinander verbunden. Das hat mit der Lenkung der Energie zu tun: wohin sie geleitet und zu welchem Zweck sie benutzt wurde. Ich bin mir da nicht ganz sicher.

Hüten Sie sich davor, zu viel Stein wegzuschaffen. Messen Sie alles, was Sie nur messen können: die Sauerstoffkonzentration, den Blutdruck der Menschen, die dort arbeiten, elektromagnetische Felder – alles, was sich überhaupt wissenschaftlich messen lässt. Auch, wenn Sie nur einen großen Stein oder Felsbrocken bewegen, nehmen Sie Messungen vor, sowohl bevor sie ihn entfernen als auch danach. Seien Sie vorsichtig beim Entsiegeln gewisser Bereiche. Bedenken Sie, dass sie vielleicht aus einem triftigen Grund blockiert worden sind, und dadurch hat sich die Energie möglicherweise aufgestaut.

Die Tunnel waren vielleicht ein Versuch, die Energie in den Pyramiden zu manipulieren. Das Blockieren der Tunnel könnte wiederum ein Versuch der Erbauer gewesen sein, diese bestimmte Manipulation der Energie zu verhindern. Die zweite Gruppe der Wesen benutzte die Energie in einer Weise, die anfangs nicht vorgesehen war, und die erste Gruppe Wesen hat versucht, die Tunnel zu versiegeln.

Fand das alles gleichzeitig statt?

Zuerst wurden die Pyramiden gebaut, danach die Tunnel und zuletzt wurden die Tunnel versiegelt. Die erste Zivilisation bestand vielleicht bis zu 300.000 Jahren vor der zweiten. Die Altersbestimmung der Steine und der Bauten könnte falsch sein, oder es gab zusätzliche Gebäude in gewissen Gebieten. Die Pyramiden wurden möglicherweise viel früher gebaut, als wir denken, aber aufgrund ihrer Gestalt und Geometrie sind sie vielleicht nicht auf normale Weise gealtert.

Sie sagen also, dass es nach den Erbauern noch eine zweite Zivilisation gab, die nicht die gleichen Absichten hatte wie die erste? Haben sie die Pyramiden missbraucht?

Die zweite Zivilisation hatte keine so positive Ausstrahlung oder Absicht. Sie hat die Anlage als »kosmische Tankstelle« benutzt. Das bedeutet, wenn sie zu welchem Zweck auch immer Energie benötigten, haben sie diesen Planeten benutzt. Sie respektierten nichts, haben weder jemandem geholfen noch irgendetwas gelehrt. Für sie war es lediglich ein Boxenstopp, wie beim Autosport.

Wird die Anlage immer noch als Tankstelle benutzt?

Wird die Energie noch von Außerirdischen benutzt? Ja.

Und der Zweck der Mondpyramide?

In der Mondpyramide gibt es Treppen, die nach oben und nach unten führen. Das hat damit zu tun, Energie aus bestimmten Orten am Himmel zu empfangen, sie zu bewahren oder zu lenken. Die Treppen und Gänge dienen dazu, diese Energie weiterzuleiten. Es gibt eine Stelle im Tunnel, an der Heilung stattfinden könnte. Es gibt noch andere Stellen in den anderen Pyramiden, wo das ebenfalls möglich ist. Manche dieser Gänge könnten den Zweck gehabt haben, diese Stellen der Heilkraft innerhalb der Pyramiden zu erreichen.

Wo sollen wir unsere Arbeit an dieser Pyramide konzentrieren?

Am nordwestlichen Teil der Mondpyramide. Dort befindet sich eine Art Schlüssel. Da sollte man weiterforschen.

Gibt es einen Eingang zur Sonnenpyramide?

Es gab einen Eingang an der Oberfläche und auch einen unterirdischen. Einer liegt im Norden – das ist der oberirdische Eingang – und der andere auf der Westseite.

Was werden wir innerhalb der Pyramide finden?

Ich spüre Regeneration und Heilung und Wachstum. Sie reden von gewissen Inschriften drinnen, einer Mitteilung über den Zweck der Pyramide.

Was können Sie mir über den Monolithen sagen?

Der Monolith hatte etwas damit zu tun, Energie auf eine bestimmte Art anzuziehen … in einer bestimmten Richtung. Dabei geht es um Wiederbelebung, Wachstum oder Verjüngung. Speziell dafür hat er Energie gesammelt. Er stellte eine Art Energiebrennstoff zur Verfügung – Energie, die zu dem Bauwerk hingezogen wurde.

Sie haben das Wort »Verjüngung« benutzt?

Ich weiß, dass Experimente mit Pflanzen und Pyramidenkraft durchgeführt wurden. Innerhalb der Pyramide wuchsen die Pflanzen schneller. Jemand, der krank war oder dem ein Körperteil fehlte, kam herein und manchmal wurde dieser Körperteil regeneriert. Aber ob der Tod rückgängig gemacht werden kann … Ich weiß es nicht. Aber es fühlt sich so an, als könnte ein beschädigtes Organ in diesem Raum schneller geheilt werden als anderswo.

Empfangen Sie Bilder von diesem Vorgang?

Die Wesen halten etwas, das hilft, die Energie in ihrem Körper zu verankern – irgendeine Art Apparat. Der Prozess ist nicht kompliziert, sondern sehr einfach. Das Komplizierte daran ist das Bauwerk drumherum. Die betroffene Person geht in den Bereich und kann dann einfach in dem Bereich »sein«. Sie halten etwas, das den Prozess begünstigt … wie ein Stein oder irgendetwas, das ihnen hilft, die Energie in ihren Körper zu bringen, damit sie sich selbst helfen können. Die Eingeborenen haben diesen Prozess von den Außerirdischen gelernt, er wurde ihnen beigebracht. Das Wissen wurde von Generation zu Generation weitergereicht. Bei manchen archäologischen Ausgrabungen wird man Beweise für Heilungen oder medizinische Praktiken finden, die wir nicht für möglich halten würden. Das Wissen dazu kam aus außerirdischer Quelle.

Bekommen Sie Informationen darüber, was sich in diesem Brocken befindet?

In dem Monolithen könnte es etwas geben, das ein Strahlungsfeld aufweist. Das wäre eine Möglichkeit, zu verstehen, wie es funktioniert: Es gibt da etwas Radioaktives. Hat man ihn diesbezüglich überprüft? Sie werden es mir nicht sagen, stimmt's?

Doch, das werde ich. Vorige Woche haben wir mit einem Laserrekorder Tests laufen lassen und wir haben in ihm etwas mit einer anderen Struktur gefunden. Wir haben vor, weitere Tests durchzuführen.

Die Farbe Grün drängt sich mir auf. Wenn ich Grün sehe, denke ich an Heilung. Dieser Bereich wurde irgendwie dazu benutzt, Heilung zu begünstigen.

Ich wüsste auch gern, warum die Pyramiden genau an diesem Standort in Bosnien stehen?

Wenn wir alle Pyramiden überall auf der Welt ausgegraben haben, werden wir ein Muster erkennen, das die Relation zwischen den Entfernungen der Pyramiden voneinander und der Art, in der sie einen Bezug zum Himmel darstellen, aufzeigt. Das ist bisher nicht verstanden worden, aber es werden noch weitere Pyramiden entdeckt werden.

Wir müssen andere Pyramiden betrachten und feststellen, wie sich die Energie zwischen ihnen bewegt. Vielleicht finden wir auch Energie, die von oben kommt.

Medium 6: Rosalie McIntosh

Sie hat alle vier Dias gesehen.

Jemand sagt »ein Erdhügel« … und wenn ich frage, was das bedeutet, bekomme ich zur Antwort, dass es so gestaltet wurde. Was ist darunter? Wissen sie es?

Nein, aber es ist riesig.

Es gibt etwas darin. Sie haben es zugedeckt, weil sie nicht wollten, dass es entdeckt würde. Es wurde absichtlich zugedeckt.

Von wem?

Ich empfange, dass es zugedeckt wurde, damit niemand davon erfährt oder es untersucht.

Warum?

Um Menschen draußen zu halten, höre ich.

Mit wem kommunizieren Sie gerade?

Mit einem Mann, der in dem Buch ist. Er öffnet das Buch und liest, was da steht. Er sagt, unsere Aufmerksamkeit ist nicht da, wo sie sein sollte.

Nun ja, aber ich bin sicher, dass er mein persönliches Interesse an dieser speziellen Anlage versteht. Darf ich noch ein paar Fragen stellen? Warum ist diese Pyramide so groß?

Ich habe das Gefühl, dass sich dort eine Stadt befand. Es gab Pyramiden und Gebäude ... Es waren zwei. Der vordere Teil und der rückwärtige Teil waren beides Pyramiden und ich spüre, dass es Häuser waren ... Es war ein Schutz, ein Ort, an den man ging, um sich sicher fühlen zu können. Diese Leute waren Bauern ... Sie hatten viel mit Agrikultur zu tun. Wenn Sie in diese Pyramiden hineingelangen, werden Sie feststellen, dass sie mit Pflanzen experimentiert haben.

Mein Geistführer zögert, viele Informationen preiszugeben, weil die Zeit dafür noch nicht reif ist. Diese Pyramiden hatten eine Menge mit Agrikultur zu tun – sogar mit Tieren in diesem Gebiet.

Was ist das Problem bei der Mitteilung von Informationen?

Ich empfange, dass durch die Freigabe von Informationen zur falschen Zeit etwas aus dem Gleichgewicht geraten könnte, nämlich Glaubenssysteme. Die Informationen würde aufzeigen, dass die Erde viel älter ist als angenommen. Wir sind einfach noch nicht bereit, das zu erfahren.

Er sagt mir, dass Sie das wissen werden und dass Sie Informationen bekommen werden. Sie müssen noch mehr Bücher schreiben.

Warum ich?

Sie besitzen Weisheit. Wenn Sie sie schreiben, wird deren Inhalt die Wahrheit sein und nicht lediglich Ihre subjektive Wahrnehmung, denn Sie sind dazu auserwählt, das zu tun.

Hat er etwa meine Bücher in seinem Regal?

Nun, er hat Archive über Sie! Er sagt Ihnen, dass Sie nichts anderes tun als das, was Sie bereits zu einer anderen Zeit und an einem anderen Ort getan haben. Sie sind da drin gewesen, und wenn die Zeit dafür reif wäre, würden Sie wissen, was sich da drin befindet.

Waren die Erbauer Menschen?

Die erste Pyramide wurde hierher transportiert. Die zweite und dritte wurden danach von Wesen gebaut, die, wie sie sagen, dem Menschen ähnlich sind.

Und zu welchem Zweck?

Wo sie herkamen, gab es auch schon Pyramiden. Sie sind hierher emigriert und haben die Tradition einfach weitergeführt. Aus irgendeinem Grund haben sie sie getarnt, aber er sagt mir nicht, warum.

Gab es in der Zeit zwischen den ursprünglichen Erbauern und heute irgendeine andere Zivilisation, die sie gebraucht oder missbraucht hat?

Das Wort »Missbrauch« springt förmlich hervor, aber ich bekomme keine weiteren Informationen. Er sagt, dass die Pyramidenenergie schon in der Vergangenheit missbraucht wurde. Es gab Wesen, die sie zu ihrem eigenen Vorteil und Profit nutzten, aber sie wurden entlarvt und bestraft.

Wurden sie dann vertrieben, oder was geschah?

Sie wurden vor die Wahl gestellt, entweder zu sterben oder ihre Habseligkeiten zu nehmen und zu gehen.

Wie sind sie gegangen?

Zu Fuß! Zu Fuß! (Beide lachen.) Sie hatten Wagen, die sie hinter sich herzogen, und sie nahmen nicht viele Sachen mit. Es waren frühere Vertreter der menschlichen Spezies.

Sie sagten, die Erbauer hätten ihre Tradition hierher mitgebracht. Hatten diese Pyramiden nur einen Zweck oder mehrere?

Sie waren Denkmäler für die Leistungen der Erbauer. Die Pyramidenenergie war wie ein Leitstrahl – eine Art Übertragungsgerät für die Zivilisation oder Kultur, die mit dem Bau der Pyramiden begonnen hat. Es war nicht ihre Absicht, sie als Gräber zu benutzen. Es ist in etwa so, als würde einer herkommen, und ihm wird die Führung einer Gruppe von Leuten übertragen, und sie haben dieses Gebäude gebaut. Es ist wie ein Schild, auf dem steht, »diese Zivilisation war hier«, damit andere sehen können, wo sie gewesen ist. Überwachung.

Sie haben mehrmals von Energie gesprochen. Um welche Art von Energie handelt es sich denn, und können wir sie überwachen oder beobachten?

Er hüpft auf und ab, und ich weiß nicht, ob Sie die richtige Frage gestellt haben, er ist jedenfalls sehr aufgeregt. Die Energie kann heute noch nicht überwacht werden.

Was bewirkt die Energie in den Pyramiden eigentlich? Steigt sie auf, steigt sie ab?

Manchmal hatte es einen Zweck, die Energie zurückzuhalten, aber meistens ließ man sie frei fließen. Es gibt verschiedene Arten von Energie, zum Beispiel zur Heilung oder auch zur Übertragung von einem Raumschiff zu einem anderen oder sogar von einer Pyramide zur anderen.

Raumschiffe?

So nennen wir sie jedenfalls. Das ist allerdings nicht ihre Bezeichnung: Die könnte so etwas Einfaches wie »Transporter« sein.

Sie sagten, dass die Pyramiden etwas mit Pflanzen und Landwirtschaft zu tun hatten?

Diese spezifischen Pyramiden, ja.

In welchem Umkreis wirken die Pyramiden auf die Landwirtschaft?

Hauptsächlich in der Nähe, vielleicht noch in einem Umkreis von etwa achtzig Kilometern. Wer auch immer das eingerichtet hat ... Es wurde dieser bestimmten Person übertragen. Bei einem Ingenieur hätte es vielleicht geheißen: »Hier ist deine Brücke. Baue sie.« Es gab fünf Personen innerhalb der »Familie«, die hierher kam, um das zu erledigen. Manche sahen wie Erdenmenschen aus, manche nicht. Es gab unterschiedliche Technologien aus verschiedenen Reichen.

Befindet sich die Energie heute noch in den Pyramiden?

Ich empfange: »Wie oben, so unten.« Also haben die Pyramiden eine Energie, die nach oben und nach unten steigt. Ich empfange das Wort »Phantom«. Wie im Wasser gibt es auch hier unterschiedliche Ebenen.

Reicht sie bis zur anderen Seite des Planeten?

Nein, das tut sie nicht. Diese Energie hier dient einem bestimmten Zweck und sie wird nicht dazu verwendet, andere Energien zu transformieren.

Wenn man durch die ganze Erde hindurch geht, wo kommt man dann heraus? In China?

Er findet das sehr komisch. Er lacht. Ich empfange, Mongolei.

Wie weit hinauf reicht die Energie?

Diese Energie reicht bis über die Sterne hinaus. Sie speist andere Sonnensysteme. Sie ist nicht nur für diesen Planeten. Sie ist nicht nur für uns, sondern auch für andere Systeme da draußen von Bedeutung. Manche Leute können die Energie sehen und manche können sie spüren, aber ihre diversen Glaubenssysteme bieten ihnen kein Rüstzeug, um ihren Zweck zu verstehen.

Gibt es Wesen, die mit uns kommunizieren könnten?

Ja, aber das hängt vom individuellen Bewusstsein ab und von der Hingabe und der Offenheit dafür, dass es mehr als das Bekannte gibt. Es existieren Wesen, die mit uns kommunizieren könnten – aber wie gesagt, das hängt vom individuellen Bewusstsein ab, von der Hingabe und Offenheit für andere Glaubenssysteme ... und von der Bereitschaft anzuerkennen, dass es noch mehr geben könnte.

Ich sage immer, dass die bosnische Sonnenpyramide die größte, älteste und schönste Pyramide der Welt ist. Hört sich das wie Werbung an?

Mein Geistführer stimmt dem zu. Er sagt, Sie sollten auch das Wort »hervorragend« hinzufügen: von hervorragender Bauweise.

Ich spüre Wärme, Aufrichtigkeit und auch Aufregung in ihm. Er freut sich wirklich, mit Ihnen Kontakt aufzunehmen und Ihren Wunsch, das alles eingehender zu erforschen, zu unterstützen, denn das, was Sie finden werden, wird Sie völlig überwältigen. Da gibt es Dinge ... Das, was die menschliche Rasse über sich selbst glaubt, wird nicht zerstört werden, aber es werden sich Türen zu neuen Konzepten öffnen, die die meisten von uns noch nicht einmal erahnen. Er sagt Ihnen nicht, was es sein wird, weil Sie es selbst entdecken müssen. Sie müssen es selbst finden. Er sagt: »Bald werden Sie es wissen.«

Wir haben zwei Eingänge zu Tunneln entdeckt, die mit einem Gemisch erbaut wurden …

Manchmal gehen Aufgestiegene Meister in Klausur, einfach um etwas Ruhe zu haben. Das hier war so etwas Ähnliches und wurde vielleicht deshalb so getarnt.

Warum bauten sie das Tunnelnetzwerk?

Um das zu tarnen, was sich dort wirklich befand. Er sagt: »verstecken«?

Ich empfange das Wort »Maulwürfe«. Ein Maulwurf geht dorthin, wo etwas verborgen liegt. Viel Material wurde entfernt, verkauft, verschenkt … und manches landete vielleicht sogar in Museen, aber sie wussten nicht, was es war.

Wie umfangreich ist das Tunnelnetzwerk?

Die Tunnel sind sehr umfangreich, obwohl nicht alle mit den Pyramiden verbunden sind. Es gibt eine Hauptkammer. Wenn Sie in linker Richtung weitergraben, werden Sie finden, wonach Sie suchen.

Wonach suche ich denn?

Nach Frieden, einem Ende des Widerstands und Zweckbestimmung. Sie werden Artefakte, Symbole, Gebäude finden – all das. Im September oder Oktober 2011 werden Sie große Fortschritte machen. Eine Art Durchbruch stellt sich ein.

In diesem Sommer halten wir unser erstes Sommerlager ab. Menschen werden aus der ganzen Welt herkommen, um an der Anlage mitzuarbeiten.

»Er« kann es kaum erwarten, denn er wird sie an der Nase herumführen. Er wird sich dort drinnen wie ein Gespenst aufführen.

Ich kann in dem weißen Ding ein Gesicht erkennen. Es sieht seltsam aus, fast wie ein Schädel. In unserem Bezugsrahmen sieht es wenig menschlich aus, eher wie eins dieser Monster, die in Horrorfilmen aus Pyramiden kommen. Wesenheiten versuchen, mit den Menschen, die dort leben und arbeiten, zu kommunizieren. Sie haben tatsächlich Dinge getan, um deren Aufmerksamkeit zu erregen. Der Angstpegel war ziemlich hoch, also haben sie das abgestellt. Sie hatten zwar einen kleinen Durchbruch erreicht, aber die Menschen dachten, sie hätten sich das nur eingebildet.

Dieser Kerl [der mit mir spricht] heißt Astar. Er sieht ziemlich ernst aus. Als er manchen Menschen erschien, dachten sie, er sei von der dunklen Seite und verstanden nicht, dass er ihnen lediglich Informationen geben wollte. Er ist an mir interessiert, weil ich ihn sehen kann.

Die Menschen, die hier arbeiten, haben jetzt nur noch davor Angst, was sie eventuell entdecken könnten oder was um die Ecke im nächsten Tunnel liegen könnte. Eine überaus menschliche Angst.

Als wir diese Tunnel entdeckten, waren sie komplett versiegelt. Vor langer Zeit wurden sie blockiert, indem man Trockenmauern gebaut und Beton dahinter gegossen hat. Wer hat das getan und warum?

Die Tunnel wurden von späteren Generationen geschlossen, weil das, was sich darin befand, ihnen heilig war.

Wir würden stören …

Stören wir sie jetzt?

In gewisser Weise ja, aber jetzt ist die Zeit auch reif, es zu entdecken.

Was können Sie mir über die bosnische Mondpyramide sagen? Warum die Terrassenbauweise?

Sie sieht zwar wie eine Stufenpyramide aus, ist aber keine.

Die Mondterrasse ist wie eine vordere Veranda der Pyramide. Die untere Stufe wurde hinzugefügt, um von der großen Pyramide abzulenken. Die Zivilisation wuchs. Die Pyramide wurde rege bewohnt und enthielt auch viel Vegetation. Vielleicht waren dies die ersten Gewächshäuser. Leute ziehen Pflanzen darin.

Gibt es Eingänge zu dieser Pyramide?

Durchaus. Es sind viele Kammer darin. Ich sehe einen großen Raum mit Kämmerchen an den Seiten, wie bei einem Markt mit einem großen Sammelraum und kleineren Kämmerchen, wo Leute Güter oder Produkte verkaufen.

Ich habe diese Pyramiden benannt. Sind die Namen akzeptabel?

Alle scheinen sich mit den Namen wohl zu fühlen. Sie sind nicht ganz korrekt, aber alle sind damit einverstanden.

Wer sind »alle«?

Es sind drei Leute hier. Sie sagen, dass es Pyramidenzivilisationen gibt.

Sie mögen den Namen Liebespyramide, aber sie wissen nicht genau, was Drachen sind, aber trotzdem mögen sie die Namen. Sie sind damit einverstanden. Allerdings sollte es auch etwas mit Wasser... irgendetwas über eine Wasserpyramide. Ich sehe ein riesiges Badebecken.

Wo befindet es sich?

Ich spüre, dass es sich in einer Pyramide befindet, die Sie noch nicht entdeckt haben. An Reinheit glaubten sie, nicht unbedingt an Sauberkeit, aber das Wasser ist reinigend und bewirkt Heilung. Es war ein Heilungsbecken. Kann das Wasser heute noch heilen? Ich bekomme eine negative Antwort, und Sie werden vielleicht Überreste eines Beckens ohne Wasser finden.

Woher kam das Wasser?

Aus einer unterirdischen Quelle. Es gab drei Quellen, und das Becken sollte wegen der Wärme, der Struktur der Pyramide und der Energie, die sie ausstrahlte, dort platziert sein. Ich spüre keine Gebetsarbeit, aber die Pyramiden wurden so konstruiert, um diese Energie in das Wasser dort zu leiten.

Sie haben noch keinen wie auch immer gearteten Generator entdeckt und ich frage, ob er ein Kristall oder sonst etwas ist, das wir erkennen würden.

Sie sagten, es gäbe da eine noch unentdeckte Pyramide. Können Sie mir mehr darüber erzählen?

Sie sagen, dass sie direkt vor Ihrer Nase liegt, aber dass Sie Ihre Aufmerksamkeit noch nicht darauf gerichtet haben. Wenn Sie vor der Sonnenpyramide stehen und sie betrachten, liegt die andere ein Stück rechts davon. Etwas an der Spitze fehlt – etwas ist da geschehen. Vielleicht fehlt ein Schlussstein oder etwas Ähnliches an der Spitze. Er war magnetischer und diente dazu, das Raumschiff oder was auch immer zu der Zeit darauf landete, zu verankern.

Warum wurden die Terrassen auf der Mondpyramide eigentlich so anders gestaltet?

Ich spüre, dass sie älter ist, und ich höre: »Die Alten.«

Der Monolith ist wie eine Skulptur oder vielleicht Steingut. Die äußere Beschaffenheit ist wie etwas, das man in einen Brennofen stecken würde, um es zu härten. Äußerlich sieht er wie ein Wurm aus, der auf einem anderen Stein liegt. Es fühlt sich wie eine Gruft an. Etwas ist darin eingeschlossen. Es ist ein Grab für mehr als eine Person.

Ich weiß nicht, ob es ein Herrscher oder eine heilige Person ist, aber es war jemand von sehr hohem Rang.

Schlussfolgerungen

Ohne Zweifel gibt es wichtige Parallelen bei den Informationen, die beim Anblick der Dias durchkamen, zum Beispiel:

1. Keines der Medien hat gezögert zu bestätigen, dass dies tatsächlich echte Pyramiden sind.
2. Ein gemeinsames Thema in der Mehrzahl der Channelings zu den bosnischen Pyramiden ist ihre positive Wirkung auf Pflanzen, Tiere und sogar Menschen. Abgesehen von ihrer historischen Bedeutung könnte sich diese Entdeckung auch als wichtig für die Gesundheit und Vitalität des Planeten erweisen.
3. Alle Medien erklärten, dass Artefakte und bedeutende Funde beim Ausgrabungsprozess der Anlage eine Rolle spielen würden.
4. Dr. Sams Rolle ist wichtig und er ist dazu ausersehen, der Menschheit Informationen über die Pyramiden von Bosnien zu bringen.
5. Verschiedene Kulturen hatten über viele Tausende von Jahren hinweg direkt mit diesen Anlagen zu tun.

6. Höchstwahrscheinlich haben die bosnischen Pyramiden seit ihrer Entstehung mehrere Klimaveränderungen und Kontinentalbewegungen auf der Erde erlebt. Es ist anzunehmen, dass sie eine Zeit lang unter Wasser standen.

Zweifellos ist dies eine wichtige Entdeckung. Das Auffinden der Geheimnisse und Informationen innerhalb dieser Anlagen wird genauso wichtig sein wie die Entdeckung der Pyramiden selbst. Wir müssen mit Liebe und Wertschätzung vorgehen, denn es bietet sich uns die Gelegenheit, eine Vergangenheit und Zukunft zu entdecken, die weiter reichen als alles, wovon unsere Spezies jemals geträumt hat.

Deshalb müssen wir liebevoll vorgehen.

Dr. Sams Anmerkungen

Zunächst einmal haben alle Medien diesen Komplex als Pyramidenanlage gesehen. Darüber hinaus bestätigten sämtliche Channelings, dass die Erbauer nicht von der Erde stammten, obwohl vielleicht auch Menschen daran beteiligt waren. Ich glaube fest daran, dass wissenschaftliche Methoden und Instrumente im Laufe unserer weiteren Ausgrabungen noch mehr bedeutende archäologische Hinweise ans Licht bringen werden.

TEIL 3

WEITERE ARCHÄOLOGISCHE FUNDSTÄTTEN

Die Diapräsentation, die Dr. Sam für dieses Experiment zusammenstellte, beinhaltete auch Aufnahmen anderer antiker Anlagen überall auf der Welt, die mit den Dias des bosnischen Pyramidenprojekts vermischt waren. Dieser Abschnitt enthält Informationen über Anlagen, die nichts mit der Entdeckung in Bosnien zu tun haben.

Yonugani, Japan

Anlage 1: Yonaguni, Japan – versunkenes Monument

Ich möchte mit einer Anlage beginnen, die als Yonaguni-Monument bekannt ist. Diese Anlage befindet sich auf dem Grund des Pazifiks, zwischen 33 und 92 Meter unter dem Meeresspiegel. Meine Frage lautet nun: Wer hat sie gebaut? Warum, wann und wie wurde sie gebaut?

Medium 1: Nancy Kern

Zunächst einmal spüre ich das Gestein selber und rufe die Informationen vom Meer auf. Die Ozeane speichern Informationen. Die Informationen, die wir brauchen, sind in den Strömungsmustern des Wassers enthalten.

Ich rufe auch die Wale an – wir weisen … den Walen den Weg zu den Steinen. Wir müssen mit einer Sinneswahrnehmung der Steine beginnen – durch eine Art Gitternetz … Dort werden wir eintreten. Sie sehen aus, als seien sie aus grobem Naturfels geschnitten oder gehauen. Wir wollen durch das Gestein eindringen. Es dauert eine Weile, hinein zu gelangen, es liegt sehr tief. Ich möchte in das, was Sie den Meeresgrund nennen, eindringen – in den Innenraum hinein.

Was ich als Erstes im Inneren sehe, sind … kniende Leute, und Leute, die langsam gehen. Es sieht so aus, als hätte das alles einen spirituellen Aspekt, aber auch einen kommerziellen – was die frühere Verwendung der Gebäude angeht. Dort fand Handel statt, kultureller und Informationsaustausch, auch der Austausch von Handelsgütern. Doch es geht mehr um das Teilen von Ideen. Manches hatte mit dem Bewusstsein zu tun und manches mit Mitteln und Wegen, die damalige Gesellschaft zu organisieren und zu regieren.

Man könnte die Anlage als eine Art Verwaltungszentrum betrachten, das wichtige offizielle Zwecke erfüllte. Es hatte auch mit Sicherheitsmaßnahmen im Fall eines Tsunami zu tun. Leute wurden darin aufgenommen, fanden Zuflucht.

Es war ein Mehrzweckbau, und darum war das Heilige nicht vom behördlichen oder vom Sicherheitsbereich getrennt. Die Leute hatten damals eine viel einheitlichere Weltsicht als wir heute. Die Welt war nicht in so viele Kategorien eingeteilt. Das Leben selbst war nicht in so viele Aufgabenbereiche eingeteilt. Der Begriff »Fließen« kommt mir in den Sinn. In dieser Epoche und an diesen Orten konnte man nie am falschen Ort sein. Wo auch immer man sich gerade befand, man trug zum eigenen Überleben und zur Erfüllung spiritueller und gesellschaftlicher Bedürfnisse bei.

Diese Anlage wurde über eine lange Zeitspanne hinweg gebaut – über einen Zeitraum von 8.000 Jahren. Es war ein kontinuierlicher Prozess: Neue Gebäude wurden errichtet, Weiterentwicklungen fanden je nach Bedarf statt. Die Gesellschaft war in einem Zustand der Ganzheit. Die Bauwerke wurden nicht mit einem vorgegebenen Zweck im Sinn erschaffen. Wenn wir heute etwas bauen, wissen wir genau, wozu wir es benutzen werden. Diese entstanden aus dem Impuls, in dieser Form oder Art zu bauen, als würde man ein Kunstwerk erschaffen. Man sieht, wie es beginnt, aber weiß nicht, wie es sich in 8.000 Jahren entwickeln wird. In den 8.000 Jahren, die auf den Bau folgten, ergaben sich viele Veränderungen des Verwendungszwecks.

Ich sehe diese Anlage auf der Erdoberfläche, nicht unter Wasser. Ich sehe … Leute dort herumlaufen, als sei da ein Dorfleben in und um die Anlage herum. Ich sehe auch Landwirtschaft ringsum.

Wie haben sie sich genannt?

Ich empfange lediglich einen Laut wie NA-GA.

Kennen wir sie heute?

Darüber empfange ich nichts. Wir würden sie als ein indigenes Volk betrachten, das ausgestorben ist.

Medium 2: Lea Jano

Das Erste, was ich jetzt empfange, ist ... die Bauten sind Teil von Mysterienschulen. Die Leute wurden dorthin geschickt, um irgendeine uralte Schrift zu bewahren. Sie zeigen mir, dass dieser Ort wirklich riesig ist – wirklich gewaltig. Sie sagen, er sei einer der Größten auf diesem Planeten.

Wie alt ist diese Anlage?

Ich höre 200.000 Jahre.

Wer waren die eigentlichen Erbauer?

Sie sagen, es hatte etwas mit der Zeit von Lemurien zu tun ... einer Zeit der Umstrukturierung der DNA. Sie sprechen von Zerlegung. Es gehörte zu einem Experiment ... einer Umstrukturierung. Darum sagen sie auch, es war Teil der Mysterienschulen. Sie waren Lehrer ... Lehrer aus dem All. Jeder von ihnen war ein Meister. Es war eine Zusammenkunft von Meistern. Jeder hatte ein Spezialgebiet im DNA-Prozess. Jeder hatte eine bestimmte Aufgabe im Prozess des Zusammenfügens.

Medium 3: Lois Wetzel

Es ist ein Stadtbild – zeitlich vor Atlantis gelegen. Menschen wohnten dort, aber ihre Häuser waren klein und aus sehr unstabilem Material gebaut. Davon sind keine Spuren mehr übrig. Diese Anlage wurde mit Hilfe von Wesen aus anderen Sternensystemen gebaut, die ihnen bestimmte Bautechniken zeigten … beibrachten.

Die Menschen glaubten irrtümlicherweise, dass diese Sternenwesen Götter waren, und darum dachten sie, sie würden die Bauten für die Götter errichten, aber in Wahrheit waren es Landeplätze für Raumschiffe. Ganz oben waren es eher Dinge, die sich durch die Witterung zersetzen, aber die Steingebilde waren Basen für Landeplätze. Aus irgendeinem Grund wurden die provisorischen Bauwerke immer wieder gebaut und ersetzt, gebaut und ersetzt.

Sie wurden vor etwa 200.000 Jahren errichtet.

Die Wesen stammten vom Orion.

Medium 4: Jeanne Lubbers

Das ist lemurisches Gebiet … Diese Landmasse lag in alten Zeiten nicht unter Wasser. Sie ragte in den Pazifik hinaus und reichte bis nach Asien.

Können Sie mir einen Zeitrahmen nennen?

Vor 15.000 bis 16.000 Jahren.

Wer waren die intelligenten Wesen, die diese Anlage bauten?

Eine Handvoll Rassen, die diesen Planeten vor Millionen von Jahren bewohnten, aber in dem Zeitrahmen, von dem Sie sprechen … waren einige von ihnen meine Vorfahren, einige waren Ihre Vorfahren. Es reicht bis zu den Anunnaki zurück, bis zu fünf Entwicklungslinien, die von den Anunnaki abstammen, aber die meisten Leute, die dort lebten, waren mit der Maya-Kultur verwandt und hatten nicht die DNA der ägyptischen Anunnaki auf der anderen Seite der Welt. Diese Gruppe gehört eher zu den Maya, während die andere eher Atlantis zuzuordnen ist.

Die Rasse selbst war nicht von dieser Welt, und doch von dieser Welt. Sie wurde zur roten Rasse. Wir betrachten die Erbauer inzwischen als Fremdlinge. Sie waren ein Zweig der Anunnaki – einer Hauptrasse, die sehr eng mit der menschlichen Spezies verbunden ist. Sie haben bei unserer Erschaffung mitgewirkt und wurden als Halbgötter betrachtet. Es gibt heftige Meinungsverschiedenheiten darüber, ob es »gute Götter« oder »böse Götter« waren. Manche dieser Diskussionen kommen jetzt in den alten Chroniken ans Licht.

Es wird eine Verschiebung auf diesem Planeten geben und bestimmte Landmassen werden aus dem Wasser aufsteigen ... Wesen von außerirdischer Herkunft, und zwar solche, von denen wir abstammen, werden zurückkommen. Das ist eines dieser Gebiete.

Es gibt dort einen Vortex, einen Wirbel, und vor einigen Jahren fand hier ein Tsunami statt. Es ist wie das Bermudadreieck.

An jeder dieser Pyramiden gibt es einen Energiestrudel, der aus den Gewässern kommt, und es gab viele außerirdische Wesen, die dort seit Äonen lebten und gelebt haben. Der Mensch wird sich dessen mehr und mehr bewusst, aber wir sind immer noch nicht zu allem erwacht ... Darum versuchen sie, uns mit all den Informationen zu helfen.

Die Spezies, die diese Anlage erschuf, stand auf der Stufe der Halbgötter oder Anunnaki.

Medium 5: Dianne Gremmel

Dies ist eine antike Zivilisation, und wir haben antiken Zivilisationen viele Namen gegeben ... zum Beispiel Atlantis oder Lemurien. Sie hängt mit der Kolonisierung durch Außerirdische zusammen, die Konstruktion dieser ... »Portale«, das ist die Bezeichnung, die ich empfange. Etwas verbindet diese Bauten mit einer anderen Dimension oder Welt aus Gedanken oder Energie. Es ist eine Art Empfänger ... der dabei hilft, Wissen aus dieser anderen Energiesphäre zu erhalten.

In welcher Zeitspanne?

Vor 50.000 Jahren, höre ich. Diese Anlage ist seit sehr, sehr langer Zeit hier.

Wie ist die Anlage auf dem Meeresgrund gelandet?

Sie wurde über dem Meeresspiegel gebaut und landete später auf dem Meeresgrund ... Sie wurde nicht unter Wasser gebaut.

Medium 6: Rosalie McIntosh

Ich bin nicht sicher, dass sie gebaut wurde. Ich habe den Eindruck, als wäre sie mittels Teleportion hierhergebracht worden ... und als wäre dabei viel Alchemie eingesetzt worden, wie wenn man etwas in der Hand hält und es gedanklich in etwas Anderes verwandelt. Mir wird gesagt, es sei lediglich »unsere Auffassung«, dass sie von jemandem hätte erbaut worden sein müssen.

Von wo wurde sie hierher transportiert?

Aus anderen Dimensionen und anderen ... Ich will Sternensysteme sagen, aber sie sagen, dass es keine Sternensysteme waren. Sie sagen nur: transportiert, Alchemie, andere Dimensionen. Wir würden sie als Außerirdische bezeichnen ... Es fühlt sich an, als wären sie von den Plejaden.

Wie sehen sie aus?

Diejenigen, die ich visualisiere, haben große, schräg liegende Augen und einen großen Kopf, aber es sind keine Greys ... Sie haben eher eine silbrig-blaue Hautfarbe.

Ich empfange keinen bestimmten Zeitrahmen, aber sie sind viel älter, als wir annehmen.

Wie kam die Anlage auf den Grund des Pazifiks?

Sie war nicht auf dem Meeresgrund, als sie sie hierherbrachten ... Es war eine Art Wüste mit etwas Vegetation. Das Wasser ... Es gab ein Hochwasser oder so etwas. Sie sprechen davon, dass das Wasser stieg und sich das Land zurückholte. So wie auf den Landkarten einer zukünftigen Welt von Dolores Cannon oder Michael Scallion, die zeigen, wo das Wasser das Land zurückerobern wird.

Dr. Sams Anmerkungen

In der wissenschaftlichen Welt gibt es viele Meinungsverschiedenheiten über diese Anlage. Obwohl viele Archäologen immer noch behaupten, es handele sich um eine natürliche Formation, finde ich das höchst unwahrscheinlich. Tatsächlich kann jeder, ob Wissenschaftler oder nicht, mit bloßem Auge sehen, dass dies absichtlich geformte, monolithische Blöcke sind, die von jemandem erschaffen wurden. Aber von wem?

Diese Anlage liegt zwischen 33 und 99 Meter tief auf dem Grund des Pazifiks. Geologische Spuren der letzten Eiszeit zeigen, dass der Wasserspiegel vor etwa 12.000 Jahren um etwa 76 Meter stieg. Es scheint sehr wahrscheinlich zu sein, dass dieses Gebiet einst eine Landmasse war, die Japan mit Taiwan verband. Eine Steinsäule in einer Höhle, die sich nun unter

Wasser befindet, wurde als miteinander verschmolzenes Stalagmit-Stalaktit-Paar gedeutet, das nur auf der Erdoberfläche hätte entstehen können.

Zwei unserer Medien haben gesagt, dass diese Anlage vor 200.000 Jahren errichtet wurde. Die anderen Zeitrahmen waren jüngeren Datums, doch alle lagen vor der letzten Eiszeit. Quasi alle Medien waren sich darüber einig, dass diese Anlage auf der Erdoberfläche lag, als sie erschaffen wurde.

Göbekli Tepe, Türkei

Anlage 2: Göbekli Tepe, Türkei – eine archäologische Anomalie

Diese Anlage ist unter der Bezeichnung Göbekli Tepe bekannt und befindet sich in der östlichen Türkei. Seit fünfzehn Jahren untersuchen Archäologen diese Anlage, und bis jetzt haben sie zahlreiche Steinmegalithen in der Form des Buchstaben »T« gefunden.

Können Sie uns einen Hinweis darauf geben, wer sie gebaut hat?

Medium 1: Nancy Kern

Ein Anflug von Humor hier – das Land wird heute »Türkei« genannt, nicht wahr? Und diese Monolithe sind alle wie der Buchstabe »T« geformt.

Sie scheinen nicht so alt zu sein wie die anderen, die wir gerade gesehen haben ... Sie stammen etwa von 2.000 vor Christus.

Anscheinend hatten sie einmal den Zweck eines Kompasses ... Sie bestimmen einen Standort. Wenn man sie alle freilegt ... Das ist interessant ... Es scheint, dass alle zusammen einen gemeinsamen Zweck haben, aber jeder Einzelne hat auch einen individuellen Zweck. Als brächte man einzelne Juwelen oder gar Menschen an unterschiedliche Orte, um so die Konfigurationen zu ändern – wie ein Kombinationsschloss.

Es gibt einen Aspekt ... Sie ergeben irgendwie organisch Sinn. Sie können rotieren, man kann sie rotieren lassen, bewusst, in einer ganzen bestimmten Meditation konnte man sie drehen, wie ein Glücksrad. Aber es diente als eine Art Werkzeug zur Weissagung. Eine Person – oder auch drei Personen, je nach dem, was für Fragen gestellt würden, konnten an diesem Drehritual teilnehmen. Und die Stelle, an der das Rad stehenblieb, bestimmte die Deutung. Das war ein Vorgang, um Informationen über den Alltag und das Überleben zu bekommen. Viele Fragen drehten sich darum, wie sie ihr Leben führen sollten, und andere bezogen sich auf soziale oder auch militärische Sicherheit. Das war alles nicht allzu sehr vom spirituellen Bereich getrennt, aber doch ferner davon als bei der letzten, älteren Anlage.

Wie sahen die Menschen aus?

Ich sehe sie eher klein ... Ihre Hautfarbe ist ziemlich dunkel – nicht schwarz, aber ziemlich dunkel, und vielleicht mit blauen Augen.

Haben sie nur an diesem bestimmten Ort gelebt?

Nein, das sehe ich nicht so. Sie waren weiter verbreitet ... Ich sehe einen Bogen, der sich nach Osten und Norden erstreckt.

Wie haben sie sich genannt? Ich habe den Eindruck, es beginnt mit einem B, etwas wie Ba ... B-a-n-a-u-u.

Das ist vielleicht nur ein Teil eines Lautes. In diesem Fall gibt es vielleicht einen wissenschaftlichen Namen für sie. Ich weiß nicht, welcher das sein könnte.

Medium 2: Lea Jano

Das sind so etwas wie Kraftwerke, und dies ist das Fundament. Hier waren eine Menge Arbeiter tätig ... Es gab täglich viel Aktivität. Der Zweck war es, mehr Energie auf der Gitterlinie aufzubauen. Dies war einer der Schlüsselorte ... Sie sprechen auch von den Römern, und die Römer wussten von diesem Kraftort.

Medium 3: Lois Wetzel

Sind das Vogelmenschen? Ist das ein Vogel? (Sie deutet auf dem mittleren Dia auf eine Stelle rechts oben.)

Auch das ist wieder eine Interaktion zwischen Menschen und Wesen von einem anderen Planeten. Die Vogelmenschen – sie sind vom Sirius, und sie sind nicht die einzigen Wesen, die von dort kommen. Es sind intelligente Wesen, die sich nicht vom Affen her entwickelten, sondern von Vögeln, und sie haben hier einen Besuch abgestattet. Sie sind sehr spirituell und waren nicht technologisch orientiert, und sie haben den Menschen eine Menge technologische Spiritualität beigebracht. Das Schöne ist, dass die Menschen sie in Bildern verehrten, und man lehrte sie, alles Leben zu ehren, sei es in Pflanzen oder Tieren, denn sie alle besitzen Bewusstsein.

Dieses Volk, das wie Vögel aussah, musste fort ... Es gab eine Epoche, in der eine Zivilisation aufblühte und dann allmählich wieder verfiel. Der Kontakt mit Wesen von anderen Sternensystemen schlief ein, weil hier so eine dunkle Zeit anbrach.

Dies wurde erbaut ... Ich höre immer wieder, vor vierzehn Millionen Jahren ... Es fällt mir schwer zu glauben, dass Sterne so lange bestehen bleiben, aber das ist es, was ich höre.

Diese runden Dinger, in die stiegen Menschen aus irgendeinem Grund hinab und gingen dann in die Embryonalstellung. Vielleicht, um zu meditieren – es sieht wie ein veränderter Bewusstseinszustand aus. Oh ... Sie kommunizieren mit dem Vogelvolk! Sie gehen dort hinein und meditieren, und dann kommunizieren sie telepathisch.

Medium 4: Jeanne Lubbers

Das hier ist direkter mit dem wahren Anunnaki-Strang oder der wahren Anunnaki-Rasse verbunden als die Anlage davor, denn die war eher von den Anunnaki abgeleitet. Das hier sind Signalposten und sie hatten auch noch andere Inhalte – vieles davon wurde zerstört, und dies scheint ein Überrest von etwas Unterirdischem zu sein …

Wenn ich mich da hinein versetze: Es ist das Innere einer Pyramide – das sind nicht einfach aufgestellte Steine. Hier war ein Gebäude, und dies sind die Überreste davon, und sie waren tief unter der Erde, denn das Gebäude ragte sehr hoch auf.

Wann?

Vor 20.000 bis 25.000 Jahren.

Medium 5: Diane Gremmel

Das hat mit dem Bereich des Himmels zu tun – mit Zeit. Es weist uns darauf hin, wo sich die verschiedenen Galaxien und Sternenhaufen zu verschiedenen Zeiten befinden. Fast, als würde die Zeit hineinfließen … Es sind Teile einer Uhr, die anzeigt, wo sich die verschiedenen Sternenformationen zu verschiedenen Zeiten befinden, und sie weist auch darauf hin, wo Wesenheiten oder Energien außerhalb dieses Planeten existieren.

Man hat viele solcher Megalithen ausgegraben. Können Sie uns einen Hinweis darauf geben, wie groß diese Anlage ist?

Es gibt mehrere hundert Megalithen. Man wird sie weiterhin ausgraben und dann einen entdecken, der eine andere Formation hat. Sie stammen von einem zentralen Ort außerhalb.

Sie wurden mit Hilfe von Energien oder Wesen erschaffen, die nicht auf diesem Planeten geboren wurden.

In welchem Zeitrahmen, was meinen Sie?

Es fühlt sich neuer an als Yonaguni … Ich empfange etwa 8.000 bis 18.000 Jahre. Es ist sehr lange her und schwer zu datieren. Diese Anlage reicht nicht so weit zurück wie die vorherige, aber sie ist schon sehr lange hier.

Hatten Sie schon von diesem Ort gehört?

Nicht von diesem bestimmten Ort. Ich hatte mediale Informationen von meinen Geistführern empfangen, dass Dinge in der Türkei ausgegraben werden würden, aber ich hatte keine genauen Informationen.

Medium 6: Rosalee McIntosh

Das Erste, was mir einfällt, ist ... nun ja, reptilienhaft. War das tief unter der Erde?

Das war es, und jetzt gräbt man die Megalithen aus.

Die Dinger mit den Tieren, die die Spitze bedecken – die sehen für mich wie Verschlüsse aus. Hier ist etwas eingeschlossen worden, das noch nicht offengelegt werden soll. Es könnte eine Zeitlinie sein, oder ein Informationsportal, das noch nicht geöffnet und uns zugänglich gemacht wurde.

Wie alt ist dieser Ort?

Sie sagen, das war »vor unserer Zeit« – vor dem Homo sapiens.

Dr. Sams Anmerkungen

Laut den Archäologen ist dieser Ort mindestens 10.000 bis 13.000 Jahren alt, was bedeuten würde, dass die Anlage vor dem Ende der letzten Eiszeit entstand. Die Wissenschaft kann einfach nicht akzeptieren, dass etwas so Fortschrittliches so alt sein kann, denn laut ihrer Zeitlinie besaßen wir als Spezies damals die Intelligenzstufe des Höhlenmenschen.

Die komplizierten Steinmetzarbeiten auf den T-förmigen Säulen, von denen einige zerstört wurden, sind mit Tierreliefs und abstrakten Piktogrammen verziert. Einige Zeichnungen sind allgemein bekannte heilige Symbole. Die Reliefs stellen Löwen, Stiere, Boote, Füchse, Gazellen, Esel, Schlangen und andere Reptilien dar, sowie Insekten, Spinnentiere und Vögel – besonders Geier und Wasservögel. Wahrscheinlich war das umliegende Land zu der Zeit, als diese Anlage gebaut wurde, ganz anders als heute und bot einen Lebensraum für die auf den Säulen abgebildeten Tiere. Heute ist die Gegend buchstäblich eine Staubwüste.

Unsere Medien empfingen sehr unterschiedliche Daten und mögliche Nutzungen dieses Ortes, aber mit einer Ausnahme lagen sämtliche Daten vor der letzten Eiszeit.

Machu Picchu, Peru

Anlage 3: Machu Picchu, Peru – unter dem Himmel

Machu Picchu befindet sich im Osten Perus, zwischen den Anden und dem Amazonasdschungel, etwa 2.450 Meter über dem Meeresspiegel. Meine Fragen lauten: Wer baute dieses Gebäude und wie viele Kulturen waren daran beteiligt?

Medium 1: Nancy Kern

In diesem Fall sehe ich, dass der Bau durch harte, unfreiwillige Arbeit entstand – durch Zwangsarbeit. Nicht direkt Sklaverei, sondern Arbeit als Sühne. Die Absicht war, sich durch den Bau irgendwie bei dem Land zu entschuldigen. Ähnlich wie bei unserer Auffassung vom Gartens Eden – als hätte es da einen Sündenfall gegeben, einen Abfall von Engeln. Man beabsichtigte, einen Opfertempel zu bauen – nicht für Menschenopfer, sondern die Menschen opferten ihre Behaglichkeit oder ihre Gesundheit ... Sie arbeiteten sehr hart und mit großer Hingabe, um sich dadurch sozusagen »vor Gott zu reinigen«, um zu sühnen – um die Kluft zwischen Himmel und Erde zu überbrücken.

Daran war nichts Böses und es hatte auch keinen negativen Beigeschmack, sondern es gab eine wirklich große Sehnsucht, die Sterne zu erreichen, und so mächtige Bauten wie möglich zu errichten, voller Stärke und Integrität, um sich den Sternen zu nähern. Sie wollten ihren eigenen Berg bauen ... Sie waren von Bergen umgeben, deshalb verehrten sie die Berge, aber hier ging es darum, zu zeigen, dass die Menschen auch Berge bauen konnten, genau wie Gott Berge erbaut.

Eine Methode, ihre eigene göttliche Natur zu definieren – nicht so sehr aus Arroganz, sondern aus einer wirklich tiefen Sehnsucht danach, diesen Aspekt ihrer selbst kennen zu lernen. Es herrschte das Gefühl, Gott habe einen Teil seines göttlichen Selbst abgespalten und wie eine Art Meteorit auf die Erde geschickt ... Dieses Gefühl empfange ich. Als sei eine Kosmologie auf der Erde gelandet – in gewisser Weise eine Art Aufstieg – etwas, das sie mit Hilfe dieses Prozesses aus sich selbst herausholen wollten ... um das, was uns erschaffen hat, wirklich kennen zu lernen.

Es gibt da ein Gesicht, das von den Bergen und Klippen gebildet wird. Ist das eine natürliche Formation oder wurde es so gestaltet?

Es war eine natürliche Formation, die ein wenig weiterentwickelt wurde. Sie haben sie entdeckt und versucht, es noch deutlicher zu machen. Es war wirklich eine Heldentat, das herauszuarbeiten. Wie bei einem Bildhauer, der etwas aus Stein haut ... Er sieht den Elefanten darin und arbeitet dann diese Form heraus. In diesem Sinn war es eine Mit-Schöpfung. Es gibt da Entsprechungen ... wie wenn man zu Gott oder den außerirdischen Aspekten Gottes sagt: »Wir sind hier – sieh uns.« [Es war eine Möglichkeit], das Bewusstsein weiterzuentwickeln ... diese Verbindung zu stärken.

Es blickt in die Richtung ... darüber gibt es auch andere Geschichten – falls wir das Volk waren, das darauf kam ... Es blickt in die Richtung einer lebenswichtigen Quelle der Unterstützung für uns. Da ist eine starke Wahrnehmung von Energien, die von den Sternen oder aus anderen Bereichen der Galaxis kommen. Dorthin blickt es – es zieht sie durch seine Blickrichtung an. Wie Lichtstrahlen, die dabei helfen, Flugzeuge zu entdecken ...

Ich sehe eine Bauzeit von etwa 800 Jahren, oder vielleicht 1.000 – nicht Zigtausende von Jahren. Es sind verschiedene Individuen beteiligt. Es fühlt sich nicht nach einer physischen Zeitspanne an. Es fühlt sich an wie ein konzentrierter, bewusster Bau.

Medium 2: Lea Jano

Das haben die Maya gebaut. Sie haben viele verschiedene Orte auf diesem Planeten besucht und dies ist einer der ersten, an dem sie in solchen Dimensionen bauten.

Wann wurde das gebaut?

Ich empfange, vor 30.000 Jahren.

Und zu welchem Zweck?

Auch dies gehört zum Gitter … Tatsächlich ist die wahre Kraft hier unterirdisch … Der Zweck des Baus war, ihre Art des Reisens zu unterstützen. Die Weise, auf die sie reisten … Es war ein Landeplatz. Sie drangen auch unter die Erde vor … Das waren die Forscher. Die Maya waren Forscher und kamen aus ganz verschiedenen Welten, und das hier war so eine Art Treffpunkt.

Medium 3: Lois Wetzel

Wir kommen gerade erst aus den dunklen Zeitaltern heraus, aber hier, auf dem Höhepunkt des Zyklus, sind die Menschen den Göttern gleich … Wenn wir dem Verlorenen Stern nahe sind und unser Sonnensystem sich in der Umlaufbahn befindet, wenn es sich wieder dem anderen Stern nähert … können wir Dinge tun wie die, die ich gleich beschreiben werde.

Es ist … Wir können durch Klang Dinge aus der Erde nach oben vibrieren – fast so, als würden wir in unseren Köpfen singen, und für Menschen von heute wie uns wäre das unhörbar. Eine dieser Versionen der Menschheit konnte Material durch Vibration aus der Erde heben, um Dinge zu bauen und sie dann durch Schwingung an den richtigen Platz zu bringen – gewöhnlich in Gruppen.

So wurden viele dieser Dinger erbaut, aber das hier wurde von Menschen vor etwa 80.000 oder 90.000 Jahren errichtet. Warum gerade an diesem Ort? Weil sich, je höher man kommt, auch wenn die Luft dünn ist und das Atmen schwer fällt, die Kraftlinien in der Erde konzentrierten. An Orten, wo sich solche Kraftlinien treffen, ist es einfacher, durch die Zeit zu reisen und zwischen den Dimensionen.

Als die Zivilisation allmählich wieder verfiel, kamen andere Völker und bauten andere Dinge darüber.

Wer waren die Erbauer?

Die Erbauer waren Menschen, aber es war vor so langer Zeit, dass sie zu Dingen fähig waren, die man sich heute gar nicht mehr vorstellen kann. Mit Schwingungen hoben sie Dinge aus dem Boden und brachten sie dann an ihren Platz, durch den Klang in ihrem Bewusstsein. Jedes einzelne Stück ist so entstanden, eins nach dem anderen.

Was waren das für Gebäude?

Es waren Tempel.

Es gab bestimmte Zeitpunkte im Jahr, an denen bestimmte Dinge getan wurden. Wenn die Planeten sich in bestimmten Konstellationen befanden, war der richtige Zeitpunkt gekommen. Es gab interdimensionale Portale, auf der Grundlage dessen, wie die Linien auf der Erde sich dort ausrichteten – und sie richten sich immer noch aus. Einige Menschen haben dort heute noch Visionen.

Es gibt hier drei Berge. Haben sie die Berge vielleicht umgestaltet, um das alles bauen zu können?

Ja, aber das war einfach, weil dieses Zeug kein Gewicht hatte … Sie sandten eine Frequenz aus, die sie so leicht machte, dass das Material über große Entfernungen hinweg bewegt werden konnte. Sie haben einfach die Frequenzen so verändert, dass sie alles, was sie brauchten, an die richtige Stelle setzen konnten.

Die Zivilisation verfiel, und vielleicht gab es auch einige Besucher vom Mars – die sind sehr technologisch orientiert –, und die haben alles sozusagen ein bisschen aufgewühlt. Sie hatten nichts Gutes vor. Sie dachten, sie könnten die Technologie nutzen, die es hier gab, aber sie wussten eigentlich nicht, was sie taten, und haben alles auf diesem Planeten gründlich durcheinandergebracht.

Wann war das?

Das ist mehrmals passiert, aber wann sie alles durcheinandergebracht haben … Ich empfange keinen Zeitpunkt.

Dieser Ort war schwer zu erreichen. Die Menschen kamen trotzdem hierher, weil die Energie so gut war.

Gibt es noch etwas, was wir über diesen Ort wissen sollten?

Er wird wieder zu seiner früheren Blüte gelangen, und dann werden wir wieder verstehen, wie wir diesen Ort nutzen sollen.

Medium 4: Jeanne Lubbers

Dies ist die lemurische Seite der Landmasse, von der sie ganz am Anfang [bei der ersten Anlage] sprachen.

Es stammt definitiv von der indigenen roten Rasse und wurde … im dreizehnten vorchristlichen Jahrhundert erschaffen.

Wer ist die rote Rasse?

Wir kennen die rote Rasse als die Maya ... Eine andere Rasse und die Anunnaki vermischten sich und wurden zu den Maya.

Medium 5: Diane Gremmel

In dieser Gegend wurden noch weitere Arbeiten vorgenommen, und zwar während der Inka-Zivilisation. Die Arbeit begann lange davor, und ich empfange den Eindruck, dass sie immer weiter ging ... Vielleicht hat eine Zivilisation mit der Arbeit begonnen, und andere haben weitergemacht und versucht, es zu vollenden, was auch immer es war.

Irgendetwas Musikalisches ist damit verbunden. Vielleicht kann man eine logische oder mathematische Formel daraus ableiten. Irgendeine Logik ist daran beteiligt.

Irgendein Gefühl für den Zeitrahmen?

Es fühlt sich an, als sei es über 5.000 Jahre her.

Können Sie die Erbauer beschreiben?

Die Erscheinung der Erbauer ist erdenhaft ... braune Haut, nicht viel Kleidung. Das Wissen der Leute, die hier planen und arbeiten, wird ihnen mitgeteilt ... Sie würden sagen, von einem Gott oder einem Besucher. Das Wissen ist nicht irdischen Ursprungs, aber die Menschen, die auf der Baustelle arbeiten, sind möglicherweise Indigene. Das mitgeteilte Wissen stammt definitiv von einem anderen Wesen.

Warum haben sie sich auf unserem Planeten denn gerade diesen Ort ausgesucht?

Ich höre »Gesteinsformationen« ... In diesem Teil der Welt

enthält das Gestein eine Schwingungsinformation, die den Ort für sie besonders interessant machte.

Hat dieser Ort für die Zukunft vielleicht eine Bedeutung, und wenn ja, welche?

Es ist ein Ort, an dem Wissen empfangen und ausgetauscht werden kann.

Medium 6: Rosalee McIntosh

Das war vor den Inkas ... Sie haben die Anlage erweitert und teilweise wieder aufgebaut, aber es war vor den Inkas. Zivilisationen vor ihnen haben sie ebenfalls benutzt.

Es gibt hier irgendwo Höhlen. Ich sehe Menschen zu ihnen hinaufsteigen und darin eine Zeremonie oder ein Ritual abhalten. Ja, es gibt Höhlen.

Welchen Zweck hatte die Anlage?

Ursprünglich war es ein Rückzugsort ... Sie haben mit den höchsten angefangen und dann weiter hinunter gebaut. Die Steinmauern dienten nicht nur zum Schutz. Es gibt noch mehr Gebäude, die hier nicht zu sehen sind.

Warum haben sie diesen Ort gewählt?

Er liegt auf einem Berggipfel und war dadurch leichter zu erreichen. Leichterer Zugang. Zum Reisen benutzten sie Raumschiffe.

Diese Anlage wurde von uralten Zivilisationen gebaut, deren wir uns nicht einmal bewusst sind. Sie sind sehr hochgewachsen und sehen nicht wie die Außerirdischen aus, die wir »kennen« ... und anscheinend haben sie eine Art Schwanz. Viele Züge ähneln unseren, aber die Augen und Nasen sind nicht so auffällig ... Es sind nicht einfach nur Löcher, sondern sie sehen irgendwie gequetscht aus. Sie kamen von einem anderen Sonnensystem, und dies war ein Treffpunkt der Sonnensysteme, oder ein Rat, oder ein Komitee – Wesen von anderen Sonnensystemen trafen sich in diesem Gebiet. Irgendwo hier gibt es eine Arena.

Ja, da ist ein großer freier Platz. Waren Sie dort?

Physisch? Nein, nicht in diesem Leben, aber ich war schon dort. Einiges ist mir sehr vertraut. Es war ein Treffpunkt für viele Sonnensysteme und Planeten ... Sie haben Spiele veranstaltet und diskutiert und redeten über viele Dinge im Universum. Vor sehr, sehr langer Zeit.

Dr. Sams Anmerkungen

Die Zeitrahmen für diesen Ort waren in den Deutungen sehr unterschiedlich, aber mir gefiel das Konzept, dass dieser Ort von mehreren verschiedenen Zivilisationen bewohnt oder genutzt wurde, und das war ein gemeinsames Thema der Medien. Tatsächlich repräsentiert Machu Picchu vier unterschiedliche Zivilisationen.

Eine der Zivilisationen – wahrscheinlich die erste – war so weit fortgeschritten, dass sie diese Steinblöcke bewegen konnte. Einige wiegen bis zu 200 Tonnen. Man nennt Machu Picchu oft »die verlorene Stadt der Inkas«, und der Ort ist uns aus der Welt der Inkas am meisten vertraut. Da er nicht von den Spaniern geplündert wurde, ist er ein besonders wichtiges Kulturdenkmal. Viele halten ihn noch immer für eine Stätte.

Baalbek, Libanon

Anlage 4: Baalbek, Libanon – megalithische Steinblöcke

Im Ostlibanon an einem Ort namens Baalbek gibt es einen Steinbruch mit dem größten Steinblock aller Zeiten – er hat eine Gesamtmasse von etwa 1.200 Tonnen. Eine Meile weiter steht ein Tempel mit Steinblöcken von zwischen 250 und 800 Tonnen. Können Sie uns sagen, wer diese Blöcke dorthin transportierte, und wie?

Medium 1: Nancy Kern

Als Erstes sehe ich rennende und spielende Kinder, aber die Kinder bewegen auch Felsblöcke. Als dies gebaut wurde, war das ein … Die Leute waren sehr stolz darauf. Wenn die Kinder lernen, sich zu sozialisieren, gehört es für sie dazu, dass sie das nachahmen wollen. Sie wollen Modelle bauen.

Man war sehr stolz auf dieses Bauwerk und sehr befriedigt, als es vollendet war. Es war ein Ort der Künste, wo getanzt und musiziert wurde, und die Menschen hatten große Freude daran, sich hier künstlerisch auszudrücken. Es machte die Leute glücklich. Es gab Nahrung in Hülle und Fülle … Zu der Zeit war das Überleben nicht allzu hart, also gab es eine Blüte der Künste und auch des Geschichtenerzählens, denn da es keine geschriebene Literatur gab, wurde die Tradition mündlich weitergegeben.

Es war eine große Wissensquelle … Diese Gegend fühlt sich heiter an … Man spürt richtig, dass hier das Leben gefeiert wurde. In Machu Picchu ging es um Wiederverbinden und Sühne, aber hier herrscht eher ein Gefühl der Festlichkeit und der Fülle.

Und wie haben sie diese Felsen transportiert?

Es gab irgendeine mechanische Methode, eine Oberfläche zu schaffen, auf der sie bewegt werden konnten – sie wurden geschoben, nicht getragen. Es ist keilförmig ... Ich sehe nur, dass irgendetwas darunter eingekeilt wird, und dann werden sie irgendwie umgedreht. Es ist nicht deutlich ... Es fühlt sich sehr mühselig an.

Wie ist der Name dieses Volkes?

Da empfange ich so etwas wie Tet-a-lene? Es ist ein Volk, das den antiken Historikern bekannt war ... Es kommt die Zeit, in der wir viel mehr über dieses Volk wissen werden.

Medium 2: Lea Jano

Darüber empfange ich nichts.

Medium 3: Lois Wetzel

Ich fühle an diesem Ort eine Menge Traurigkeit, genau wie bei dem Ort des Vogelvolkes. Sie hofften nur, dass niemand sie vergessen würde – da geht es um weitere Kontakte mit Außerirdischen vom Sirius. Es gab Wesen vom Sirius, die von der Taille abwärts Fische waren und von der Taille aufwärts wie Menschen. Hier gab es Wasser, als dies gebaut wurde, und sie unterwiesen die Leute spirituell und technologisch.

Dank der spirituellen Technologie hatten diese Blöcke kein Gewicht. Wenn man weiß, wie man die Schwingungsfrequenz des Materials verändert, kann man es so leicht machen, dass man es ohne große Anstrengung schweben lassen kann. Sie haben diese Dinger schwebend transportiert.

Sie haben sie mit Hilfe von Schwingungen aus der Erde gehoben und dann so leicht gemacht, dass sie sie an ihren vorgesehenen Ort schweben lassen konnten. Sie konnten nicht auf dem Boden laufen, weil sie zur Hälfte Fische waren.

Diese Leute wollten helfen.

Das wurde vor 300.000 Jahren errichtet, und sie wollten wirklich, dass wir uns an sie erinnern ... um unsertwillen, damit wir uns nicht so einsam fühlen, wenn wir unser dunkles Zeitalter durchleben. Sie wussten, dass wir zyklisch in diese dunklen Zeitalter eintauchen würden, und sie wollten, dass wir nicht vergessen, was sie uns gelehrt haben.

Sie wollten, dass wir uns daran erinnern, dass sie hier gewesen sind und dass wir nicht allein sind, denn der dunkelste aller Orte ist der, an dem man meint, es gäbe keine anderen Lebensformen im Kosmos. Sie lieben uns.

Was war der Zweck dieser Bauwerke?

Das Erste, das ich höre, ist das Wort Anbetung, aber es hatte auch mit Observatorien zu tun. Da ging es um bestimmte Zeitpunkte im Jahr, wenn Dinge bestimmte Konstellationen bildeten und Energien kamen ... Es hatte mit Einweihungen und Aufstieg zu tun, und die Tempel halfen dabei, die Energie zu bündeln.

Unter diesem hier befindet sich eine Art riesiger Kristall – wirklich groß, wie ein Wolkenkratzer, der nach oben ragt. Er wurde von der Venus angesät und hat auch mit den Einweihungsenergien zu tun. Es gibt noch andere, aber die meisten schlafen. Irgendwann werden sie alle aufwachen und wir werden wieder in den Aufstiegszyklus eintreten.

Wir tun ihnen leid und sie sind traurig über alles, was wir durchgemacht haben. Sie wollten uns nicht verlassen, aber sie mussten, weil die Energie so vergiftet wurde, dass sie nicht bleiben konnten. Es war, als würde jemand so krank, dass man einfach nicht mehr in seiner Nähe sein kann.

Die Atmosphäre?

Die spirituelle und emotionale Atmosphäre auf diesem Planeten war so vergiftet … nicht die Luft … das Energetische. Sie mussten fort, als der Zyklus zu dicht wurde. Sie kommen zurück und gehen dann wieder … Sie kommen und gehen.

Medium 4: Jeanne Lubbers

Das gehört zum Landeplatz für Schiffe, die kommen und gehen. Verglichen mit dem, was wir heute kennen, waren das futuristische Raumschiffe, und dies war ein Ort, an dem sie landen konnten. Sie taten verschiedene Dinge an verschiedenen Orten. Ich versuche anzuzapfen, wer das war, und in welchem Zeitrahmen …

Es hängt so miteinander zusammen: Die menschliche Rasse hat seit Millionen von Jahren existiert, und die Andersartigen gab es zu verschiedenen Zeiten … Sie zeigen mir all die genetischen Vermischungen. Es gab Kreuzungen zwischen den Rassen und heute ist es eher die gelbe oder asiatische Rasse, die von den Außerirdischen abstammt, die in diese Gegend kamen und sie erschlossen. Manche von ihnen kamen von jenseits unseres Universums, unseres Sonnensystems – gerade in dieses Gebiet kamen sie von jenseits unseres Sonnensystems.

Dieses Gebiet ist älter. Es reicht weit zurück … Sie sagen, über eine Million Jahre. Es ist sehr, sehr alt. Wenn sie [die Archäologen] tiefer gehen, werden sie noch andere Dinge finden. Es gibt in der Nähe ein Gewässer, in das Taucher hinabtauchen konnten. Ein Teil davon liegt unter Wasser.

Einen Zeitrahmen festzulegen ist schwierig, wenn es um etwas so Altes geht … Es datiert nicht innerhalb unseres Kalendersystems, sondern davor – sogar schon vor dem Anfang des Mayakalenders.

Medium 5: Diane Gremmel

An diesem Teil ist irgendetwas, das es zu einem »Schlüssel« für alles ringsum macht. Das hat auch mit dem Erden gewisser Energien zu tun, und irgendetwas empfängt hier. Es gibt eine Verbindung zwischen diesem Teil und dem Himmel … und außerirdischer Energie und der Zeit. Es reicht Jahrtausende weit zurück, es ist ein sehr altes Bauwerk. Es gibt noch andere, unterirdische Dinge hier – unterhalb dieses Bauwerks.

Es ist so riesig. Können Sie mir sagen, wer es geformt hat, und wie?

Ich erhalte den Eindruck von etwas wie einem Laser, der diese Formation gestaltet hat … Seine Gestaltung hat aber nicht Jahrtausende lang gedauert.

Wie wurde das Material bewegt?

Es wurde durch die Gravitationskraft bewegt – etwas, das jenseits des Wissens auf diesem speziellen Planeten liegt. Es gab eine Kraft, die in der Lage war, sich eines anderen Energieniveaus zu bedienen, um das hier zu bewegen.

Wer waren die Wesen, die das getan haben?

Sie waren humanoid – heller, aber braunhäutig, mit hellerem Haar … Aufgrund ihres Aussehens hätte man sie für Menschen halten können. Sie besaßen ein viel höheres Maß an Verständnis und die Schwingungen, von denen sie kamen, waren friedlich.

Woher kamen sie?

Es gibt viele, viele Planeten in vielen, vielen Galaxien und viele Energieebenen oder Dimensionen … In diesem Fall fühlen sie sich sowohl interdimensional als auch intergalaktisch an.

Warum sind sie auf diesen Planeten gekommen?

Dieser Planet war für viele ein Ort des Lernens – ein Ort, an dem man Experimente durchführen konnte. Wir standen auch schon oft vor der völligen Zerstörung und es gab Botschafter aus anderen Teilen der Galaxis, die uns geholfen haben, damit das nicht passiert.

Diese Anlage hat mit der Zeit zu tun, mit interdimensionalem Reisen oder damit, die Erdanziehungskraft in irgendeiner Weise zu beeinflussen. Es hat mit Gravitation zu tun und damit, buchstäblich ein »Energiepaket« zu verändern.

Medium 6: Rosalee McIntosh

Die Anlage ist sehr hoch. Sie hat irgendetwas zurückgehalten – fast wie ein Damm. Sonst empfange ich nichts ... Es fühlt sich an wie die Chinesische Mauer, die irgendetwas teilt.

Hier war einmal ein Berg, und sie haben beide Flanken des Berges abgehauen, um die Mauer zu bilden ... Sie sagen mir nicht, wer das getan hat.

Dr. Sams Anmerkungen

Diese Anlage im östlichen Libanon ist für die Wissenschaft so wichtig, weil das schiere Gewicht der Steinblöcke ein physischer Beweis dafür ist, dass eine Zivilisation in sehr ferner Vergangenheit so weit fortgeschritten war, etwas tun zu können, das all unserer heutigen Technologie zusammengenommen Schwierigkeiten bereiten würde.

Wenn wir Ausgrabungsstätten wie diese sehen, versuchen wir immer, sie innerhalb unseres eigenen Bewusstseinsrahmens und unserer eigenen Logik zu erklären und mit dem Blick auf unsere eigene Technologie.

Für mich macht es Sinn, dass hier mit Schwingungen gearbeitet wurde. Wenn man bestimmte Frequenzen zu einem zerstörerischen Zweck verwenden kann – zum Beispiel kann eine Opernsängerin mit ihrer Stimme ein Glas zerbrechen –, dann kann man, wenn man die Frequenz entsprechend verändert, das Glas auch bewegen oder hochheben oder transportieren, ohne dass es zerbricht. Dieses Konzept haben mehrere Medien für viele verschiedenen heilige Stätten empfangen – die Erbauer besaßen irgendwelche mentalen Fähigkeiten, die es ihnen erlaubten, etwas so Großes und Schweres mühelos zu transportieren. Sie benutzten eine mentale Kraft, die wir im Augenblick noch nicht verstehen. Ich würde sagen, wir befinden uns mit dieser Theorie auf der richtigen Spur.

Ollantaytambo, Peru

Anlage 5: Ollantaytambo, Peru – unvollendete Mauer

Im östlichen Peru befindet sich ein Ort namens Ollantaytambo, etwa 3.350 Meter über dem Meeresspiegel, an dem es sechs riesige Steinblöcke gibt. Wer hat sie dorthin gebracht und zu welchem Zweck?

Medium 1: Nancy Kern

Hier sehe ich eher eine Festung, einen Schutzwall – etwas, das unserem Eindruck nach dazu diente, Menschen abzuschirmen und zu verteidigen. Um hineingehen zu dürfen, musste man gewisse Bedingungen erfüllen. Aus unserer Sicht mag das herzlos klingen, aber sie wollten Menschen, die kerngesund und sehr stark waren – ein Ideal.

Es lebten auch Menschen ringsum ... Innen hielt sich die Elite auf, die durch die Arbeit anderer unterstützt wurde. Selbst die Leute, die nicht darin wohnten, drängten sich darum herum. Diejenigen, die ringsum lebten, stellten Arbeitskraft und Nahrung zur Verfügung ... Sie konnten frei kommen und gehen, aber sie durften nicht im Inneren leben.

Es herrschte eine wechselseitige Abhängigkeit. Auf der sozialen Ebene gab es Intrigen und Hinterhältigkeiten. Diese Gesellschaft ist sozial komplexer, in sich geteilt.

Ich spüre weniger Einheit, aber vielleicht ist es enger mit unserer westlichen zeitgenössischen Kultur verwandt ... Es ähnelt unserem Feudalsystem oder dem Modell des Lehnswesen.

Wann wurde das gebaut?

Vor 800 Jahren – viel näher an unserer Zeit.

Medium 2: Lea Jano

Dies war in alter Zeit eine große Stadt. Sie hatte etwas mit einer bestimmten Tradition zu tun. Diese Mauer markierte einen Besitz, so wie ein Hund sein Territorium markiert.

Es hat mit irgendeiner Tradition von einem anderen Stern zu tun – einer weit entfernten Galaxis. Die Art, wie sie diese Mauer bauten, hatte mit irgendeiner Tradition von dort zu tun, die hierher verpflanzt wurde.

Medium 3: Lois Wetzel

Sie haben es angefangen, aber nicht zu Ende gebaut. Es gab fürchterlichen Streit darüber. Zwei verschiedene Gruppen lagen im Streit. Sie wollten es bauen und fingen damit an, aber dann versagte das Abkommen … also, mir fehlt ein besseres Wort –, weil eine der beiden Parteien behauptete, das Bauwerk sei hässlich, so wie ein Werbeplakat hässlich ist.

Sie hatten zwei unterschiedliche Ansätze zum Tempelbau. Dies sollte ein Tempel werden. Sie hatten sehr verschiedene Geschmäcker. Eine Gruppe wollte klare Linien – also viel technologischer.

Sie kamen von … Alamons? Davon habe ich noch nie gehört.

Die andere Seite war mehr auf Schönheit und Eleganz aus. Die beiden Gruppen waren wie zwei Künstler, die aus zwei weit voneinander entfernt liegenden Richtungen kommen und sich nicht in der Mitte treffen können.

Die zweite Gruppe entwickelte sich evolutionär vielleicht aus Insekten … und sie stammen von Ludicus. Auch davon habe ich noch nie gehört. Sie konnten sich nicht einigen, also wurde das Projekt verworfen.

In welcher Zeitspanne?

Darüber empfange ich eine sehr genaue Auskunft: Es war vor 157.000 Jahren. Das ist ziemlich präzise, zugegeben, aber die Jahre wurden damals anders gemessen, weil die Erdachse noch nicht geneigt war.

Wie viele andere Kulturen waren hier involviert, nachdem sie fortgegangen waren?

Es waren vier verschiedene Kulturen involviert, aber die Anlage wurde meist für sportliche Aktivitäten benutzt. Die Leute veranstalteten Spiele, ließen Bälle dagegen prallen oder hielten Wettbewerbe ab, um zu sehen, wer am höchsten werfen konnte. Sie wussten im Grunde nichts damit anfangen, also machten sie nur Unsinn damit.

Medium 4: Jeanne Lubbers

Das ist eine sehr alte Mauer – eine Schutzmauer, wie eine Festung. Es war wie eine Stadtmauer. Die Anlage galt als heiliger Boden. Die Leute verbrachten ihr Leben hier und nur sehr wenige wagten sich nach draußen – es sei denn, sie waren auf der Suche nach Nahrung oder Wasser. Es gab jedoch eine unterirdische Wasserquelle, die in die Stadt hinein floss. Es war eine Stadt.

In welcher *Zeitspanne?*

Vor 13.000 bis 15.000 Jahren.

Medium 5: Diane Gremmel

Es ist ein Bauwerk, das Energie beherbergen oder beinhalten sollte, und es konnte auch Energie empfangen. Das hat mit der Gesteinsart zu tun. Der Stein ist in gewisser Weise Kristallen ähnlich und empfängt Informationen für die Alten ... von höheren Wesen aus einer anderen Galaxis oder von einem anderen Ort.

Die Anlage empfängt Nachrichten und Energie. Die Energie ist verschlüsselt, und wir werden sie vielleicht in vielen dieser Bauten finden, wo Klangvibration oder Informationen in den Anlagen verschlüsselt sind. Wir fangen gerade erst an, diverse Methoden zu finden, um diese Informationen ans Licht zu bringen – die Informationen, die der Bau selbst birgt.

Woher kommen die Energien? Von oben, von unten? Woher?

Die Botschaften kommen von ... also, oben und unten sind lediglich Richtungsangaben. Wir würden es als von oben verstehen – oben, wo die Sterne sind. Allerdings gibt es auch Dimensionen, die »seitwärts« existieren.

Aber wir würden es als von oben wahrnehmen.

Wer hat es gebaut?

Verschiedene Leute würden unterschiedliche Namen benutzen. Plejader zum Beispiel ... oder ähnliche Begriffe: Namen für Gruppen, die dort gewesen sind. Ich bekomme aber den Eindruck von hellhäutigeren Wesen, die dafür verantwortlich sind. Es ist definitiv ein Versuch, positive Energie auszusenden. Ich spüre keinerlei Negativität.

Empfangen Sie einen Zeitrahmen?

Vor 14.000 Jahren.

Medium 6: Rosalie McIntosh

Das Land wurde geteilt und wer auch immer die Mauer gebaut hat, war auch das Oberhaupt.

Wie beim Krieg der Götter … Es fühlt sich an wie die Verlängerung der anderen Mauer.

Können Sie die Erbauer visualisieren?

Ich sehe wieder große, schlanke Wesen, aber auch kleinere.

Falls Ra dies erbaute, hat er von der Erde stammende Älteste hierher gebracht, die seinen Befehlen gehorchten.

Dr. Sams Anmerkungen

Dies ist ein gewaltiges Bauwerk im östlichen Peru, das angeblich während der Zeit der Inka errichtet wurde. Aber wer hat es wirklich gebaut? Es besteht aus vulkanischem Material, und der nächste Ort, von dem dies stammen könnte, liegt in Bolivien – also 241 Kilometer von hier entfernt. Wir wissen, dass die Inka nicht die Fähigkeit besaßen, riesige megalithische Steinblöcke wie diese zu transportieren und bearbeiten.

Wieder einmal ist das gemeinsame Thema der Channelmedien außerirdisches Eingreifen und die multikulturelle Bevölkerung dieser Anlage.

Sakkara, Ägypten

Anlage 6: Sakkara, Ägypten – die Stufenpyramide

Ungefähr achtzig Kilometer südlich der heutigen Stadt Kairo steht eine Anlage in der Form einer Stufenpyramide. Ägyptologen behaupten, dass diese Pyramide dem Pharao Djoser der dritten Dynastie vor 4.650 Jahren gewidmet war. Welche Informationen empfangen Sie über diese Anlage?

Medium 1: Nancy Kern

Sie wurde eher vor 8.000 Jahren gebaut. Aus irgendeinem Grund ist es sehr wichtig, tief ins Innere vorzudringen. Die Mauern sind sehr dick. Wenn wir daran denken, was es bedeutet, durch Katakomben oder Labyrinthe zu gehen, merken wir, dass dort ein Prozess stattfindet, der das Bewusstsein oder die Psyche beeinflusst, während man durch die Gänge schreitet. In manchen Fällen können diese sehr eng oder schmal sein, manchmal sind sie auch breiter und öffnen sich zu weiten Plätzen. Auf der einen Ebene folgt man dabei dem eigentlichen Weg in Bezug auf Initiationen … Das entscheidet darüber, wie tief vorzudringen einem erlaubt ist. Es gibt nämlich verschiedene Stufen der Initiation, die abhängig sind vom Niveau des Gewahrseins, was wiederum ein bestimmtes Bewusstsein bedeutet, das einen unwillkürlich in eine bestimmte gesellschaftliche Klasse einordnet.

Die meisten von uns können das aufgrund unserer derzeitigen Lebensweise nicht nachvollziehen, weil heute Bewusstsein und Gesellschaft zwei völlig getrennte Bereiche sind.

In dieser Gesellschaft nahm Gewahrsein einen sehr hohen Rang ein und war sehr wichtig … und die Menschen waren diesbezüglich sehr sensibel und intelligent. Es ging nicht so sehr um körperliche Überlegenheit, sondern vielmehr um höheres Bewusstsein.

Ich sehe, dass in verschiedenen Bereichen bestimmte Meditationen oder Anbindungen stattfanden. Weil sich dort so viel Stein und Erde befindet, fühlt es sich an, als wäre man in der Wiege der Erde selbst. Sie drangen sehr tief ins Innere vor, um diese kosmische Verbindung zu erleben. Es ging darum, diese Göttlichkeit auf die Erde zu bringen.

Wer waren die Erbauer?

Diejenigen, die sie entwarfen, waren nicht dieselben, die sie bauten. Die Planer hatten die Bewusstseinstufe der Meister. Sie hatten diese Vision, sie waren die spirituellen Architekten und Mathematiker. Darum hatte ihre Denkweise und das, wozu sie fähig waren, eine abstrakte Qualität.

Die Leute, die sie bauten, mussten sich nicht mit diesen Abstraktionen beschäftigen. Es fühlt sich so an, als wäre die Arbeit hier bezahlt worden, im Gegensatz zur spirituellen Sühnearbeit bei der vorherigen Anlage. Hier fand Schwerstarbeit statt, sie war wertvoll, aber es war körperliche Arbeit.

Die Architekten stammten nicht aus dieser Gegend. Sie wohnten zwar während der Planung und der Bauarbeiten hier, aber diese Anlage macht den starken Eindruck von etwas, das man außerirdische Mächte oder Wesen nennen würde. Sie kamen mit der Absicht, die irdischen Frequenzen zu befruchten und zu beeinflussen.

Auf kosmischer Ebene besteht das Bedürfnis nach Einheitlichkeit. Auf der Erde sagen wir so oft, dass »wir alle eins sind«. Aber im Kosmos ist das ebenfalls wahr. Deshalb gibt es Zeiten – in viel größer bemessenen zeitlichen Ausmaßen natürlich –, in denen intelligente Lebewesen von anderen Sternensystemen kommen, eben weil wir alle eins sind.

Es wird nicht versucht, zu herrschen, vielmehr geht es um gegenseitige Befruchtung und Düngung. Auf kosmischer Ebene sind wir alle miteinander verbunden. Es soll so geschehen und es geschieht zu bestimmten Zeiten und an bestimmten Orten.

Unter der Erde befindet sich ein Gitternetz mit einem kristallinen Material und es entspricht Material von den Sternen, also besteht hier eine Anziehungskraft und Einheitlichkeit. Wenn man tief genug graben könnte, würde man Mineralien entdecken, die bislang auf der Erde unbekannt sind.

Es gibt hier noch viel zu entdecken.

Medium 2: Lea Jano

Diese Anlage wurde gebaut, um die Energie auf dem Energienetzwerk aufrecht zu erhalten. Die Stufenpyramiden, wie wir sie nennen, sind dazu da, die Energie aufzunehmen und innerhalb der Anlage festzuhalten.

Jemand – vielleicht ein Physiker – könnte Ihnen technisch erklären, auf welche Weise sich die Energie in dem Bauwerk ausdehnt, im Gegensatz zu anderen Bauwerken.

Wer hat sie entworfen?

Sie nennen sie die Sterngucker.

Wie steht es mit der Behauptung, dass Pharao Djoser sie baute?

Sie sagen, dass er derjenige war, der behauptete, den Entwurf gemacht zu haben, aber ich empfange sonst nichts.

Medium 3: Lois Wetzel

Die Hochkultur der Ägypter befand sich bereits im Niedergang, aber sie hatten diese Anlage etwa tausend Jahre früher gebaut, und Djoser hat etwas hinzugefügt. Sie versuchten, ihren Körper zu konservieren, damit sie später zurückkommen konnten. Ja, sie dachten, dass sie irgendwann in ihren Körper zurückkehren würden, also versuchten sie, ihn zu konservieren. Sie meinten, die einzige Methode, ihn zu beschützen, bestünde darin, eine Menge Baumaterial drumherum zu packen.

Sie haben etwas nachgemacht, das außerirdische Wesen getan hatten. Diese hatten Körper in Pyramiden gelegt und die Ägypter hatten darüber Geschichten gehört. Manche dieser Körper sind immer noch da. Sie sind auf eine Art konserviert, die es den Wesen erlaubt, sich diese Körper »überzustreifen«, wenn sie auf den Planeten zurückkehren, denn das erleichtert manches. Dann können wir sie wahrnehmen …

Mit einem physischen Körper kann man Dinge in einer dichten Umgebung wie dieser hier einfacher tun als mit einem Lichtkörper. Darum haben sie die immer noch irgendwo konserviert, um diese Körper benutzen zu können, wenn sie zurückkommen. Die Ägypter hörten davon und wollten das auch versuchen, aber sie besaßen die Kenntnisse dazu nicht. Aus diesem Grund bauten sie Pyramiden.

Wer hat diese Pyramide ursprünglich gebaut?

Ich empfange Farouk Muhaul [Buchstabierung nur vermutet], um 300 bis 600 vor Christus.

Medium 4: Jeanne Lubbers

Sie wurde von einem Pharao gebaut und davor gab es schon andere Pyramiden – ich weiß nicht, von wem genau. Dies war seine Stadt, sein Königreich, wer auch immer er zu der Zeit gewesen sein mag.

Wir sprechen über die Zeit, nach der die Anunnaki auf ihren Heimatplaneten zurückgekehrt waren.

Warum kehrten sie dorthin zurück?

Das geschah während der letzten Phase eines Zyklus, die uns jetzt wieder bevorsteht. Dieser Zyklus dauert 3.600 Jahre. Der Zyklus unseres galaktischen Quadranten dauert dagegen 25.920 Jahre und jedes seiner Segmente ... dieser Bauten hier ... reichen bis vor den letzten Zyklus zurück. Darum ist es so schwierig, einen Zeitrahmen zu benennen, und ich weiß nicht, ob es überhaupt einen Zeitrahmen gab.

Dies war nicht die erste Pyramide, die in Ägypten gebaut wurde. Die große Pyramide von Gizeh war die erste und sie wurde von den Anunnaki gebaut.

Medium 5: Diane Gremmel

Dies ist ein Ort der Anbetung und des sich Ausstreckens nach oben ... nach denen, die höher entwickelt sind – was auch immer man darunter verstanden haben mag ... nach einem galaktischen Wesen oder Gott.

Es strahlt so etwas wie ein Gefühl der Heiligkeit aus, das von den Zeitgenossen in die Stufen hineingelegt wurde.

Es macht den Eindruck, als wollten sie ganz oben stehen und hinauf greifen, um Informationen oder Wissen zu erlangen.

Und die Erbauer?

Es gab eine höhere Schwingung, die den Menschen beim Bau half.

Man sagt, sie sei 4.600 Jahre alt. Was können Sie darüber sagen?

Sie ist erheblich älter. Ich empfange »in den 40ern«, aber es fühlt sich mehr wie Tausende an ... Es konnten sogar Hunderttausende von Jahren sein.

Befindet sich etwas unter der Anlage?

Ja, unter vielen dieser Bauwerke. Vielleicht gibt es dort unten Versionen, die früher entstanden sind ... Tunnel, Durchgänge oder Zimmer. Ich empfange den Eindruck einer Transportmethode zwischen einer Welt oder Galaxis und der nächsten. Teile dieses Bauwerks reichen viele, viele Tausende von Jahren zurück, während andere vielleicht jüngeren Datums sind.

Warum wurden diese Orte gewählt?

Sie wurden ausgewählt, weil man etwas bauen wollte, um gewisse elektrische Energien aus dem Himmel zu empfangen. Es ist auf eine Weise gebaut worden, die das Aufnehmen von Energien begünstigt, die von anderen Planeten ausgesandt werden.

Medium 6: Rosalee McIntosh

Jemand vor ihm, vielleicht sein Vater, begann mit dem Bau und dann hat er ihn vollendet. Wegen der Höhe gab es Leute auf verschiedenen Ebenen, um auszukundschaften oder so etwas. Dies war eine Landeplattform für Weisheit, Wissen und Informationen.

Ganz oben fanden Opfer statt. Die Opfer wurden je nach Jahreszeit dargebracht und die Menschen, die geopfert wurden, waren Leute, die mit der Regierung [des Herrschers] nicht einverstanden waren. Es waren keine Jungfrauenopfer, aber sie wurden anscheinend geköpft.

Befindet sich etwas unterhalb der Pyramide?

Ich empfange nichts darüber.

Dr. Sams Anmerkungen

Laut den Archäologen ist Sakkara die älteste Pyramide Ägyptens. Könnte es sein, dass wir einst die Fähigkeit besaßen, den Energiefluss auf unserem Planeten zu sehen, und diese Fähigkeit inzwischen verloren haben? Energie oder ein Energienetz wurde für diesen Ort von jedem Medium erwähnt. Außerirdische Einmischung ist ebenfalls ein gemeinsames Thema.

Es ist interessant, dass lediglich ein Medium diese Anlage vor der Eiszeit datiert. Sie sagte sogar, dass sie nicht ganz sicher sei, ob sich die von ihr empfangenen Daten auf Jahrtausende oder doch nur auf Jahrhunderte bezogen.

Meidum, Ägypten

Anlage 7: Meidum, Ägypten – die Knickpyramide

Ebenfalls in Ägypten, sehr nahe am Nil, befindet sich ein außergewöhnliches Bauwerk, das als »Knickpyramide« bezeichnet wird. Archäologen behaupten, sie sei von Pharao Snofru gebaut worden und dass derselbe Pharao vor 4.500 Jahren insgesamt drei Pyramiden gebaut habe. Was empfangen Sie über den Bau dieser Anlage?

Medium 1: Nancy Kern

Hierfür gibt es etwas mehr Präzision in der Datierung. Sie ist so etwas wie eine nachgemachte Pyramide. Das ist keineswegs negativ gemeint, aber sie wurde den anderen nachempfunden. Unterhalb dieser Pyramide würde man nicht die gleichen Mineralien finden wie bei der letzten Struktur. Sie ist die Enkelin der anderen. Das ist an sich nichts Schlechtes, aber sie ist nicht so stark aufgeladen wie die früheren.

Medium 2: Lea Jano

Das waren nicht die Erbauer der Pyramiden. Diese scheint viel älter zu sein.

Was war ihr Zweck?

Dieses Bauwerk enthält zahlreiche Informationen über den Planeten selbst: unsere DNA, jede Menge Wissen. Die eher wissenschaftlichen Informationen sind darin eingeschlossen. Mit dieser Pyramide hatten nicht viele Leute zu tun – eher eine Gruppe von Auserwählten, empfange ich jetzt.

Man musste eine spezielle Person sein, die über viel Wissen verfügte, um sich an dieser Pyramide beteiligen zu dürfen.

Befindet sich etwas innerhalb der Pyramide?

Sie sagen, dass Gold darin ist. Einst enthielt sie große Reichtümer. Ich empfange, dass das früher ein riesiger Marktplatz gewesen ist. Sie sagen, es sei zu seiner Zeit ein sehr reicher Ort voller Ressourcen gewesen.

Medium 3: Lois Wetzel

Auch diese Pyramide wurde gebaut, um Körper zu konservieren, und es gibt darin auch eine Einweihungskammer. Sie besaßen noch Wissen, über das wir nicht mehr verfügen. Durch die geometrische Form der Pyramiden werden bestimmte Energien erzeugt und wenn sie aufsteigen und auf diese Weise abknicken – das ist die Ebene, wo die Energie am besten ist. Das ist alles, was ich darüber empfange.

Medium 4: Jeanne Lubbers

Das wurde von Menschen gebaut, die meinten, dass sie sich auskennen. Da haben sie sich aber getäuscht. Es wurde nicht von Halbgöttern gebaut, sondern eher von einem Mann, der versuchte, ein Halbgott zu sein. Er beauftrage Leute damit, eine Pyramide zu bauen, von der er dachte, sie hätte große Bedeutung. Ich spüre negative Energie in dem Bau.

Medium 5: Diane Gremmel

Dieses Bauwerk wurde vielleicht teilweise von Menschen dieses Planeten errichtet und auch hier hatten sie Hilfe von einer höheren Ebene. Nicht nur bei der Planung des Bauwerks, sondern auch bei der Vollendung der Bauarbeiten. Es fühlt sich nicht so an, als sei sie wirklich fertig geworden. Es gibt eine bogenartige Krümmung, die Absicht gewesen ist, aber es fehlt die Glätte an der Oberfläche, die sie hätte haben sollen. Leute von außerirdischer Herkunft halfen dabei.

Es gab mehr als eine Gruppe von Energien, die auf unseren Planeten einwirkte, sowohl im positiven als auch im negativen Sinn. Speziell diese Pyramide wurde vielleicht unter Anwendung ganz anderer Arten von Energie errichtet, als wir sie bisher gesehen haben. Ich spüre, dass es etwas mit der Krümmung des Lichts oder der Energie zu tun hatte – etwas, das eine Reflexion der Energie bewirkte.

Der Zweck?

Der Zweck war meistens die Übertragung von Informationen und/oder Energie von ihnen zu uns und umgekehrt.

Funktioniert das immer noch?

Interessante Frage. Manche dieser Bauwerke haben Informationen empfangen, die uns in der heutigen Zeit nicht bewusst sind. Diese Informationen können angezapft werden, wenn wir herausfinden, wie es funktioniert. Im Augenblick wird allerdings ein Großteil der Informationen, die empfangen werden, überhaupt nicht verstanden.

Diese Bauwerke empfingen Energien positiver Art und übertrugen sie auf diesen Planeten – aber wir besitzen dafür keine Wahrnehmungsmöglichkeit.

Medium 6: Rosalee McIntosh

Unter dieser Pyramide befindet sich viel. Das hat viel Zeit in Anspruch genommen. Viele Menschen und viel Zeit.

Ich empfange: »Sie haben es trotzdem nicht richtig gemacht.« Ich höre jemanden, der mit dem Bau sehr unzufrieden ist.

Wer ist es?

Er sagt, er sei Snofru, glaube ich. Er hat ein längliches Kinn und dunkle Haut und er sagt, sie hätten sie nicht nach seinen Anweisungen gebaut. Er ist mit dem Endergebnis sehr unzufrieden.

Welchen Zweck sollte sie haben?

Es sollte seine Grabstätte werden. Es gibt Tunnel darunter. Er sagt, dass die Tunnel das einzige sind, mit dem er wirklich zufrieden ist. Alle Tunnel darunter haben sie nicht entdeckt. Es gibt Wände, die keine sind, und sie sind beweglich.

Dr. Sams Anmerkungen

Die Knickpyramide ist sehr interessant. Laut den Archäologen wurde sie – wie zwei andere Pyramiden – von Snofru gebaut, aber weder sein Körper noch seine Knochen wurden jemals an diesen Standorten gefunden. Warum sollte jemand drei riesige Bauwerke wie diese bauen, und dann finden wir weder Insignien noch einen Körper oder sonst irgendwelche Indizien, die anzeigen, dass sie ihm gehörten? Man sagt nur deshalb, dass Snofru der Erbauer war, weil um die Pyramiden herum einige Graffiti gefunden wurde. Für mich sind das keine ausreichenden Beweise.

Die Channelmedien haben unterschiedliche Aussagen über diese Pyramide gemacht. Die Hälfte sagt, dass diese Pyramiden nicht auf der gleichen Entwicklungsstufe stehen wie die anderen auf dem Planeten.

Gizeh, Ägypten

Anlage 8: Gizeh, Ägypten – die berühmtesten Pyramiden

Die berühmtesten Pyramiden stehen in Gizeh, Ägypten. Es wird allgemein angenommen, dass sie von Pharaonen der vierten Dynastie vor ungefähr 4.500 Jahren gebaut wurden. Was können Sie mir über diese Pyramiden sagen?

Medium 1: Nancy Kern

In Bezug auf die Leute dort sehe ich in diesem Fall … Die Pyramiden sind bereits gebaut worden, aber da ist ein Gefühl von Grausamkeit und Verrat. Sie wurden mit einer bestimmten Absicht errichtet, aber die Individuen, die auftauchten und sie benutzten, haben sie nicht unbedingt auf der Grundlage ihrer ursprünglichen Absicht benutzt – es gab eine Art Entstellung, besonders bei der Größten.

In der Größten lief etwas furchtbar schief – nicht dem Entwurf nach, sondern mehr im Sinne einer Entstellung der Idee. Es hat eine Vision gegeben, die geraubt und zur Verherrlichung eines Individuums missbraucht wurde, statt einem höheren Zweck oder dem Allgemeinwohl zu dienen. Deshalb gibt es eine Spannung – besonders in der Größten –, die sich nicht richtig anfühlt. Ich sehe ein … Verzerrungsmuster, das diesen Platz dazu benutzt hat, mehr von dieser Art Energie zu erzeugen …

Wenn man in die Pyramide hineingeht, um zu meditieren – und das gilt auch für die kleineren Pyramiden –, dann möchte man in großer Klarheit und mit dem eigenen inneren Licht hineingehen und nicht in Verwirrung und Chaos geraten. Aber da ist eine richtige Fegefeuerenergie. Es wäre also leicht möglich, dass Leute, die dort hineingehen, schlechte Träume haben oder sogar in niedrigere Versionen ihrer selbst gezogen werden.

Es ist kein geeigneter Ort, um mit Offenheit zu meditieren. Man kann ihn zwar dafür benutzen, aber man muss dabei wirklich bei klarem Verstand bleiben. Es ist wie eine Reise in die Unterwelt. An sich ist nichts dagegen einzuwenden, denn die Unterwelt ist ja ein Teil der Wirklichkeit, aber man muss mit einem starken Bewusstsein seiner selbst und des beabsichtigten Zwecks dort eintreten, damit man nicht mit allen dort vorhandenen Elementen vermischt wird.

Für jemanden, dessen Feld schwächer ist, wäre es kein weiser Schritt, zum Meditieren dorthin zu gehen. Manche Leute könnten vielleicht zu offen und unvorbereitet für diese Art von Energie sein.

Wann wurden die Pyramiden gebaut?

Man hat uns 4.500 v. Chr. gesagt. Ich sehe aber, dass sie etwas älter sind ... zwischen fünfhundert und tausend Jahre älter.

Hier befand sich einst ein anderes Bauwerk, ehe die Pyramiden gebaut wurden. Es gibt da eine Verzerrung, die fest in der Erde verankert ist. Das ist nicht böse und muss nicht verändert werden. In den Chroniken gibt es kein Urteil darüber.

Energetisch gesehen ist es wie ein Sumpf, in dem die Dinge verfaulen – wie Kompost. Man kann dort hingehen, um dem Kompost Stoffe hinzuzufügen. Darauf folgt eine Wiedergeburt. Es gibt eine Art brodelnder Energie, chaotisch, ein Kessel. Dorthin kann man gehen, um »gekocht« zu werden – eine Art Alchemie –, wenn man etwas in die Grube hineinwerfen möchte.

Es mag vielleicht kein schöner oder lieblicher Prozess sein, aber es könnte etwas Schönes daraus entstehen. Man könnte diesen Ort betreten, um dieser Art von Energie bewusst zu begegnen.

Es hat etwas Gefährliches an sich. Es wurde gebaut, um die Energie und den Konzentrationsbrennpunkt festzuhalten. Es gibt eine Bestätigung, dass die Energien, die wir als negativ bezeichnen, kompostiert und verdaut werden können, aber durch die Form der

Pyramide steigt dann Rauch auf, der transformiert werden muss. Wenn Feuer etwas konsumiert, steigt Rauch auf.

Es geht nicht so sehr darum, dass man dort hineingeht, um sich zu ergeben und Glauben an den Prozess zu haben. Die Funktion, die sie für die Menschheit erfüllt – damals, heute und sogar bevor die Pyramiden gebaut wurden –, war in etwa wie bei einem Abfallhaufen. Das wurde zu einem bewussten Vorgang … Wir könnten von diesen Pyramiden lernen, unsere Lebensweise bewusst in etwas Positives zu verwandeln. In der Gegenwart produzieren wir mentalen Müll und kümmern uns nicht bewusst darum. Dieses Bauwerk gibt uns ein Beispiel für die mögliche Transformation.

Sie sind alle Teil derselben Anlage, obwohl sie nicht alle zur gleichen Zeit errichtet wurden. Die Kleineren wurden etwas später gebaut. Es war notwendig, dass die Kleineren die Große unterstützten.

Medium 2: Lea Jano

Die wahren Meister dieser Anlage … Jemand wurde dort beigesetzt. Die Information wurde weitergereicht, aber die Anerkennung nicht, und es brach sogar ein Krieg darüber aus. Es gab Leute, die nur noch auf Macht aus waren …

Auf welche Art von Macht?

Macht über die Dynastie. Irgendetwas war nicht klar definiert und viele Menschen wurden dadurch verletzt. Es geschah nicht alles in Aufrichtigkeit. Sie versuchten, einige der anderen Anlagen zu duplizieren. Sie hatten einen Teil des Plans und vollendeten ihn, aber es geschah nicht auf ehrliche Weise. Ich bin nicht sicher, was das bedeutet.

Wurden sie alle zur gleichen Zeit gebaut?

Das war zwar ihre Absicht, aber es gab einiges Chaos in den Machtstrukturen. Also lief es aus dem Ruder und ich bin mir nicht sicher, wie sie diese Probleme gelöst haben.

Was war der Zweck?

Die hier sind nicht so durchdacht wie manche der anderen. Sie sind irgendwie künstlich, von Menschenhand hergestellt, fast wie eine Verzierung. Sie wurden von Menschen gebaut, im Gegensatz zu manchen anderen, die von »Wesen« gebaut wurden, wie die in Japan oder in Peru. Diese anderen sind echter und die wahrhaft Mächtigen.

Befindet sich etwas unterhalb dieser Pyramide?

Ich kenne das Wort nicht – BARR … Ich weiß nicht, was das ist … eine Art Gitterstäbe vielleicht?

Der Mann, der gegenwärtig die Aufsicht über die antiken Hinterlassenschaften in Ägypten führt, ist ein großer Gegner der bosnischen Pyramiden. Können Sie mir sagen, warum?

Er ist sehr unsicher und will die Auffassung schützen, dass die ägyptischen Ruinen die wahren und größten von allen sind. Unsicherheit ist die beste Beschreibung seines Verhaltens. Er hat den Eindruck, dass Sie versuchen, das herabzusetzen, was die Ägypter haben. Sie sind aber als Forscher hier und wollen die Schwingungen erhöhen. Für manche Leute ist das eine schwieriges Konzept.

Wie alt sind diese Pyramiden?

Ungefähr 5.000 Jahre alt.

Medium 3: Lois Wetzel

Diese sind viel älter. Sie wurden vor 25.000 bis 30.000 Jahren gebaut, mit Hilfe einer Technologie, die Menschen … Es handelt sich wieder um spirituelle Technologie. Es gibt Informationen darin – also, in der Pyramide und den Tunneln darunter –, dass wir aufwachen, sobald wir anfangen … das heißt, wir haben bereits angefangen … also, dass wir auf Informationen zugreifen werden, die wir vergessen haben, sobald wir anfangen. Wir vergessen immer, wenn wir ein dunkles Zeitalter durchleben.

Sie wurden von Leuten gebaut, die eine Technologie besaßen, die längst verloren ist. Sie benutzten Klangvibrationen, um Dinge aus der Erde nach oben zu heben. Es gibt da unten eine Bibliothek und Tunnel, die zu den Bibliotheken führen.

Wem gehören die Bibliotheken?

Sie wurden uns von Menschen hinterlassen, die vielleicht verschwunden sind.

Medium 4: Jeanne Lubbers

Alle Pyramiden überall auf dem Planeten wurden speziell so gebaut, dass sie aus der Luft als Landeplätze sichtbar sind – also, diejenigen, die immer noch auf der Erdoberfläche sind.

Diese hier wurde zu einem Schlachtfeld mit Ra, dem Sonnengott. Die Ägypter beschützen diese besondere Pyramide. Theoretisch befindet sich darunter die Halle der Chroniken und die steht unter besonderem Schutz.

Sie haben mir gerade gezeigt, wie die Pyramide ursprünglich aussah – wenn Sie sich einen Energieschirm vorstellen können, der aussieht wie ein glasartiges, sich bewegendes Feld, das das Ganze als schützendes Kraftfeld umgibt. Sie zeigen ihn mir gerade und es fließt darin wie Wasser.

Es heißt, dass Gott Ra und einige andere von Gizeh aus aufbrachen und, ja, das stimmt. Als sie gingen, nahmen sie den Schutzschild mit und er war nicht mehr da – nicht mehr sichtbar. Selbst wenn er sichtbar wäre, hätten wir nicht die erforderlichen Gerätschaften, um ihn wahrzunehmen. So fortgeschritten ist diese Technologie – wie Science-fiction.

Was war oben auf der Pyramide?

Sie hatte einen rotierenden Aufsatz. Es war buchstäblich eine gigantische Merkaba – in Form eines Davidsterns. Es waren zwei, einer nach oben gerichtet und einer nach unten. Sie sind in der Mitte verbunden, so dass das Ganze wie zwei vierseitige Pyramiden aussieht: eine mit der Spitze nach oben und eine nach unten gerichtet.

Dieser spezielle, vierseitige Schlussstein erwachte sozusagen zum Leben. Wenn man die Spitze abschneiden würde, wäre da ein weiteres Energiefeld, das sich auf den Stein hinabsenken oder von ihm nach oben steigen konnte. Es ist ein sehr ungewöhnliches Energiefeld, einfach überwältigend, und man hat es mir bislang nicht gezeigt.

Es dient als Schutz und offenbar konnte es sich auf allen vier Seiten öffnen und so gelangte man dann zur Transportmöglichkeit.

Es liegt außerhalb unserer Wahrnehmungsfähigkeit … wahrhaftig der Stoff, aus dem Science-fiction ist, so hoch entwickelt waren diese Wesen.

Zu irgendeinem Zeitpunkt wird sie wieder zum Leben erwachen. Das ganze Gebiet wird wieder zum Leben erwachen, sobald sie wiederkommen.

Wer waren die Erbauer?

Sie waren Anunnaki. Es war ihr Reich. Okay, es war Enki und er war einer der Anunnaki-Götter und Ra war ein Spross dieses speziellen Zweigs. Dieser Ort wurde von Sonnengott Ra übernommen, als die Anunnaki fort waren.

Das war vor etwa 6.000 Jahren. Es war nach dem Untergang von Atlantis vor 13.000 Jahren und anschließend wurde die Pyamide gebaut. Vor 6.000 bis 10.000 Jahren.

Medium 5: Diane Gremmel

Diese Pyramide ist definitiv außerirdischen Ursprungs. Etwas flüstert mir zu, »sie als Götter zu sehen«, als höhere Wesen zu betrachten, die angebetet werden sollen.

Diese Bauwerke wurden so konstruiert, dass sie höher schwingende Informationen empfangen können – und das war etwas, wovon die Menschen glaubten, es könne ihnen helfen, in diese Schwingung zu kommen.

Sie wurde mit Hilfe von Wesen gebaut, die eine höhere Schwingung haben als wir. Die Menschen würden sie als »höherstehend« ansehen.

Wessen Idee war es, sie zu bauen?

Die Idee zu dieser Anlage hatten Wesen von einem anderen Planeten. Sie kamen aus einer anderen Schwingungsebene, als wir sie kennen … von einem anderen Planeten, einer anderen Zivilisation.

Können Sie diesen Planeten am Nachthimmel lokalisieren?

Wenn ich eine Karte des Sonnensystems hätte, könnte ich Ihnen das Gebiet zeigen, aus dem sie kommen.

Befindet sich irgendetwas unterhalb dieser Pyramiden?

Unter den meisten Pyramiden befindet sich etwas. Manchmal sind es Steinstrukturen, die bestimmte Informationen empfangen sollen. Es gibt auch Tunnel, Hallen, Bauwerke innerhalb von Bereichen, die dazu vorgesehen sind, als Orte der Meditation genutzt zu werden, um sehr hohes Wissen zu empfangen.

Innerhalb der Struktur bewegen sich diese Bereiche nach oben und nach unten, auf eine Weise, die den Informationsempfang verbessert. Es gibt gewisse Stellen im unterirdischen System, die mit denjenigen, die die Anlagen gebaut haben, verbunden sind … sie anzapfen. Heute tun sie es vielleicht nicht mehr, aber es gibt spezielle Bereiche, die eine höhere Resonanz aufweisen als andere.

Die Kammern sind leer. Fehlt da etwas oder war das so geplant?

Viele diese Bauten wurden im Laufe der Jahrhunderte geräumt. Allerdings gibt es Bereiche, die speziell zum Empfang von Energien und Informationen vorgesehen waren. Sie waren von Anfang an leer und bleiben es bis heute, denn ihr Zweck bestand darin, in diesem Zustand bleiben, damit man empfangen kann.

Befand sich etwas auf den Spitzen der Pyramiden?

Ganz oben gab es vielleicht einen Stein, aber im Grunde genommen ist der Bau heute noch vollständig.

Gibt es weitere Kammern, die bisher unentdeckt sind?

Unten wird man noch viel mehr finden. Wir sehen lediglich den oberen Teil der Struktur und dort unten gibt es weit mehr zu entdecken.

Wie ist die geometrische Form der Struktur dort unten?

Die untere Struktur ist eine Fortsetzung der oberen. In einem dieser Teilbereiche gibt es etwas von runder Gestalt, das sich innerhalb der Pyramidenstruktur befindet. Das hat etwas damit zu tun, wie die Energie sich bewegt und wie sie gesendet wird.

War der Boden hier flach, als er bebaut wurde?

Das Land war flach. Ich höre, dass bei mindestens einer Pyramide der Bau erst in die Quere verlief und dann nach unten, als gäbe es eine Art Treppe hinab. In wenigstens einem Fall ist die Basis der Konstruktion nicht völlig flach, sondern hat eine nach unten gerichtete Neigung. Andere sind aber am Boden völlig flach.

Gab es etwas da unten, als sie gebaut wurden?

Unter einigen befinden sich unterirdische Strukturen. Deshalb begannen sie in bestimmten Gebieten zu bauen, denn die Steinstrukturen unten halfen beim Bau der Pyramide. Sie wurden überhaupt aufgrund der Orte und der Strukturen gebaut, die sich bereits dort befanden.

Es gibt bestimmte Steinsorten, die gewisse Arten von Energie leichter empfangen können als andere. Die Strukturen unter diesen Pyramiden passten zu den Arten von Energie, die sie empfangen wollten.

Von wem bekommen Sie gerade Ihre Informationen?

Der Name dieses Geistführers ist Orlat. Als man ihn mir nannte, war mir der Name neu.

Grüßen Sie ihn von mir.

»Hallo, Orlat. Falls Sie irgendwelche Informationen für das Video haben, sprechen Sie bitte weiter!«

Es gibt innerhalb dieser Pyramiden eine versiegelte Schwingungsenergie, die nicht in einer Frequenz schwingt, die uns heute bekannt ist. Sie ist buchstäblich dort versiegelt worden. Es gibt viele verschiedene Energiearten, die seit langer Zeit darin eingeschlossen sind.

Medium 6: Rosalie McIntosh

Ich hatte mit dieser Pyramide in einem früheren Leben zu tun. Das fällt mir nun die ganze Zeit ein. Ich war die Tochter des Erbauers dieser Pyramide – wer auch immer er war – und ich hatte einen Zwilling. Wir hatten helle Haare und Haut. Wir waren keine Albinos, aber sehr anders als die anderen.

Warum baute Ihr Vater diese Pyramiden?

Sie war als Denkmal für ihn und seine Familie gedacht. Er hatte viele Kinder. Es war bedeutungsvoll, sie zu bauen, weil andere vor ihm gebaut hatten. Es hatte mit seinem Ego zu tun. Seine Absicht ist es gewesen, ein großes Vermögen anzusammeln und anderen nichts zu hinterlassen.

Zwischen den Pyramiden gibt es Verbindungstunnel.

Wir hatten einen Vorhang hinter unserem Bett und wir schlichen uns immer dahinter.

Gibt es etwas innerhalb der Pyramiden?

In einer von ihnen befindet sich ein großer Raum, der natürlich pyramidenförmig ist. Darin sind Büsten, die Köpfe von Leuten, die früher oder später zur Quelle zurückkommen sollten – durch den Tod, nehme ich an. Tunnel verbinden alle diese Pyramiden miteinander.

Können Sie sehen, wie die Erbauer aussahen?

Es gab einige Leute, die mit dem Bau zu tun hatten, aber

große Teile wurden alchemistisch transportiert, aufgelöst und woanders wieder aufgestellt.

Die Kleinere vorn fühlt sich so an, als wäre sie eine Kopie der anderen.

Ich höre, dass das vor beinahe 4.000 bis 5.000 Jahren geschah.

Dr. Sams Anmerkungen

Laut den Archäologen stammen die Pyramiden von drei verschiedenen Pharaonen, darunter Cheops. Ihrer Theorie zufolge gehörten die Pyramiden ringsum der Mutter, den Prinzessinnen und den Familien dieser Pharaonen.

Unsere Medien sind sich nicht darüber einig, ob diese Pyramiden von Menschen gemacht wurden oder außerirdischen Ursprungs sind. Alle bis auf ein Medium datierten diese Anlage nach der letzten Eiszeit.

Tikal, Guatemala

Anlage 9: Tikal, Guatemala – die Maya

Die Zivilisation der Maya in Mexiko, Salvador, Guatemala, Honduras und Belize baute Tausende von pyramidenförmigen Gebäuden. Dies hier liegt im Norden von Guatemala, in der Stadt Tikal. Wer waren die Maya und warum haben sie diese Gebäude gebaut?

Medium 1: Nancy Kern

Die Maya waren ein sehr komplexes Volk. Ich empfange ein Gefühl von Festlichkeit, aber das ist lediglich ein Aspekt von ihnen. Als Volk waren sie so voll entwickelt, wie Menschen es nur sein können. Sie besaßen eine komplexe Denkfähigkeit und doch gibt es eine Verbindung zwischen ihnen und Wesen höherer Intelligenz, die von den Sternen kommen.

Die Maya waren Empfänger zur Erschaffung oder Aufrechterhaltung einer Art Nistplatz für die Energien, die auf die Erde gesendet wurden. Es gab eine besondere Verbindung zur Sprache – der Fähigkeit, mit Worten, Symbolen und Gedanken zu kommunizieren. Die Sprache hatte eine sehr spezielle Qualität der Wiederholung, die eine Trance hervorrufen kann, so dass sie nicht direkt als Informationsvermittler funktioniert wie unsere Sprachen, sondern eher auf poetische, melodiöse Weise. Sie besitzt eine sinnliche Qualität und die Klänge wirken in bestimmter Weise auf unseren Körper ein.

Die Maya hatten großes Interesse daran, Wissen, Inspiration und Ideen mit anderen zu teilen. Als Volk besaßen sie eine Qualität der Unschuld. Damit sollen sie nicht in einem romantischen Licht dargestellt werden. Sie hatten alle üblichen menschlichen Eigenschaften, von den niedrigsten bis zu den höchsten. Dennoch war ihnen eine gewisse Unschuld eigen, was neue Ideen und die Ankunft neuer Leute betraf, da waren sie nicht besonders misstrauisch. Manche Kulturen entwickeln sich mit Verschlossenheit, andere mit Offenheit. Die Maya waren offen und das erzeugte ein Gefühl der Fröhlichkeit und des Glücks.

Wenn ein Volk defensiv und zurückhaltend ist, erzeugt dies in der ganzen Kultur eine gewisse Schwere und Dunkelheit. Es beeinflusst die ganze Lebensweise. Weil wir auf einer polarisierten Existenzebene leben, hat alles positive und negative Aspekte. Die Maya erkannten einen Feind oder eine Bedrohung nicht wirklich als solche und wurden durch ihre Unschuld beschützt, weil sie von dieser Art Furcht frei waren. Es ist für die Menschheit eine heikle Angelegenheit, ein Immunsystem zu haben, das eine Bedrohung zwar erkennt, sie aber auch dann nicht projiziert, wenn es gar keine Bedrohung gibt.

In Begriffen der globalen Weltgeschichte – im Sinne des Konzepts, dass wir alle eins sind – lassen sich alle diese Kulturen mit Zellen eines Körpers zu vergleichen. Aber was unsere Evolution angeht, auch die kulturelle Evolution, tragen wir sozusagen alle verschiedene Teile zum irdischen oder globalen Immunsystem bei.

Dass die Maya verschwunden sind, hat damit zu tun, dass sie eine Bedrohung, die sich gegen ihr Immunsystem richtete, nicht als solche erkannten. Als Metapher ausgedrückt, funktioniert ein gesundes Immunsystem so, dass es einen Virus, der in den Organismus eindringt, erkennt, und das bewirkt dann eine Veränderung im Organismus, wodurch die neue Information verdaut und das Design angepasst wird. Die Maya waren unfähig, sich einer großen Bewusstseinsveränderung anzupassen, die sich nun einmal vollzog und die im Grunde der Beginn der Kolonialreiche war.

Die Maya waren ein sehr freies und unabhängiges Volk. Ihr Bewusstsein war nicht für die massiven Militäraktionen geeignet, die folgten. Auf der psychischen oder spirituellen Ebene konnten sie einfach nicht damit umgehen. Sie starben aus – sie verschwanden. Es sieht fast so aus, als sei das Volk einfach verpufft.

Ich empfange kein spezielles Ereignis, aber sie verloren die Verbindung – den Lebenswillen. Genau so, wie man auch bei Walen beobachtet, dass sie Selbstmord begehen, weil sie mit dem Sonar, das das Militär im Ozean benutzt, nicht zurechtkommen. Sie konnten sich nicht an die kommenden Veränderungen anpassen und starben aus. Sie wurden unfruchtbar und hatten nicht den Willen, sich anzupassen … Es war keine Tragödie, sie hatten einfach das, wozu sie hierher gekommen waren, zu Ende gebracht.

Ich empfange eine sehr enge Verbindung zwischen den Pyramiden und den Akasha-Chroniken. Emotional fühlt es sich an wie »zuhause« – ein sicherer und geschützter Ort, an dem sie arbeiten konnten. Ich sehe Buchstaben oder Bilder, die man lesen und fühlen konnte, um Zugang zu den Ebenen zu erhalten, die wir die Akasha-Chroniken nennen – das kollektive Unterbewusstsein.

Die Chroniken sind gewaltig … und das Mayavolk besaß die starke Fähigkeit, die Chroniken anzuzapfen. Sie waren wirklich hier, um die kosmischen Energien und den Segen der Chroniken auf die grüne Erde zu bringen. Die Maya liebten die Erde sehr und waren mit den Erdenergien verbunden. Es ging ihnen nicht so sehr wie andere Kulturen darum, sich selbst zu verherrlichen. Sie waren wirklich in unserem Sinn »ganze Menschen« und es ging ihnen um die ganze Erde. Sie waren hier, um zu lieben.

Medium 2: Lea Jano

Die Maya waren ein Mischvolk, das aus verschiedenen Sonnensystemen stammte … Sie kannten einander schon von einem anderen Ort in der Galaxis. Irgendwie wussten sie, dass sie alle einen ähnlichen Zweck verfolgten – nicht nur eine Spezies, sondern mehrere Spezies aus verschiedenen Teilen der Galaxis.

Aber als sie hierher kamen, erschufen sie jeweils ihre eigenen Gemeinschaften. Nachdem sie einmal begonnen hatten, integrierten sie sich alle gemeinsam, und jede Rasse hatte in dieser Struktur ihre eigene Aufgabe.

Wann sind sie hierher gekommen?

Vor vielen, vielen Jahren kamen die ersten – lange bevor sie anfingen, zu bauen. Sie wollten herausfinden, ob dies ein guter Ort war, um »loszulegen«. Sie verbrachten erst einige Zeit hier, bevor sie entschieden, was sie tun würden und wie.

Sie machten einen Schritt nach dem anderen.

Offiziell sind im zehnten Jahrhundert alle Maya verschwunden. Was ist mit ihnen passiert?

Die Party war vorbei und sie mussten sich zurückziehen – die Schwingungen wurden zu niedrig. Die Schwingung war einfach nicht mehr hoch genug für sie, da alles dichter und dichter wurde. Manche von ihnen gingen unter die Erde und wussten dann nicht mehr, wie sie von dort wegkommen sollten – sie waren sozusagen zu geerdet.

Ja, sehr viele von ihnen gingen unter die Erde.

Was war der Zweck dieses Gebäudes?

Es diente dem Zweck, Übermittlungen zurück in ihre Heimat zu senden. Es wurde eigens an einem Ort auf diesem Planeten erbaut, an dem sie in einer festgelegten Frequenz an ihre Heimat senden konnten.

Dieses hier diente einem ganz bestimmten Zweck – sie hatten bestimmte Kristalle und andere Dinge, die sie ebenfalls benutzten. Sie zeigen sich mir als runde Bälle, nicht als Kristalle, wie wir sie kennen – eine Art Kristallball. Sie nennen sie nicht Schädel ... Sie hatten eine bestimmte Methode für die Übertragungen. Alle diese Ausgrabungsstätten haben unterschiedliche Ursprünge und Kommunikationsmöglichkeiten.

Sie zeigen mir Lichtkristalle in Kugelform.

Medium 3: Lois Wetzel

Etwas ist auf ihrem Planeten geschehen, deshalb reisten sie hierher und lebten unter der Erde.

Auf welchem Kontinent?

Er liegt jetzt unter Wasser, aber er befand sich vor der Küste von Kalifornien ... Ach nein, dort kamen sie an und es gab dort unten Strömungen und dann gelangten sie nach oben, aus der Erde heraus. Da unten gab es eine Zivilisation – sogar bis heute – und sie haben sich um diese Leute gekümmert. Dann kamen sie an die Erdoberfläche und gingen nach Süden. Die meisten siedelten sich dort an, aber einige trennten sich von ihnen und gingen nach Nordamerika ... Die Hopi sind irgendwie mit ihnen verwandt und die Cherokee auch. Sie haben sich weiterentwickelt – auch nachdem sie sich getrennt hatten – und entwickelten etwas unterschiedliche Kulturen.

Im Laufe der Zeit evolvierten sie hier und unterlagen dem zivilisatorischen Aufstieg und Fall, der durch das Muster bestimmt wird, das unser Sonnensystem um die Zentralsonne beschreibt. Und je weiter wir uns von der Zentralsonne entfernen, desto dunkler wird alles und die Zivilisation verfällt und steigt dann wieder auf.

Sie unterlagen diesem Gesetz, als sie hierherkamen, und das wussten sie schon vorher – deshalb haben sie ihren Kalender behalten: um die Menschen davor zu warnen und sie wissen zu lassen, was sie an bestimmten Punkten tun mussten, um ihr Wissen und ihre Informationen zu behalten.

Wie viele Kalender gab es?

Ursprünglich gab es nur einen, aber es gab einige Leute, die sich nicht mit den anderen einig waren und sagten: »Unsere Ansichten sind mehr im Einklang mit der geistigen Welt als eure ...« Die Maya aus Guatemala sind diejenigen, die den richtigen Kalender haben.

Sie kommunizieren auch jetzt noch miteinander.

Wann sind sie an die Oberfläche gekommen?

Lange vor der Zeit, in der sie die Dinge bauten, die wir gesehen haben. Sie kamen vor drei oder vielleicht auch vier Zyklen an die Oberfläche ... Ich empfange keine Jahre, sondern Zyklen. Und da bauten sie diese Pyramiden.

Es gibt sie schon sehr lange und sie halten ihren Bau nicht für besonders wichtig – das Wichtige war der Kalender. Sie haben versucht, ihre Integrität durch mündliche Überlieferungen zu bewahren. Sie erzählten eine Geschichte, weil sie wussten: Egal wie schlimm alles wird, die Leute werden sich an die Geschichte erinnern.

Laut den Wissenschaftlern waren sie etwa bis zum zehnten Jahrhundert unseres Kalenders hier. Was ist aus ihnen geworden?

Sie gingen auseinander, weil sie nicht zu Zielscheiben werden wollten. Sie zogen in die Wälder, weil sie von etwas bedroht wurden ... gingen fort und versteckten sich in den Wäldern, in sehr improvisierten Gebäuden – etwa im zehnten Jahrhundert.

Sie wussten, dass das geschehen würde, denn es stand in ihrem Kalender. Jemand kam in der Nacht und ihre Gebäude wurden angegriffen … ihre Zivilisation … Es waren sehr dunkle Geschöpfe … Sie hatten dunkle Energie und besaßen sehr dünnwandige, flache Schiffe und sie haben sich langsam bei Nacht umgesehen. Sie suchten nach der Wärmeausstrahlung größerer Gruppen. Warum sie sie vernichten wollten, empfange ich nicht.

Besteht eine Verbindung zwischen den Maya und den Pueblo?

Die Hopi – da besteht eine Verbindung, die mit Genetik zu tun hat … und mit den Cherokee. Natürlich gibt es Mischehen, dadurch wird der Genpool verdünnt.

Was ist mit den Maya und den Kristallschädeln?

In einigen dieser Kristallschädel sind Informationen gespeichert. Die Freigabe ist irgendwie zeitlich vorprogrammiert … Sie werden bestimmten Menschen zu bestimmten Zeitpunkten Informationen geben.

Medium 4: Jeanne Lubbers

Dies hat mehr mit der himmlischen Ebene zu tun – ein spiritueller Zusammenhang. Wenn sie die Treppe bis nach oben hinaufstiegen, gab es einen Bereich, an dem sie spürten, dass er sie wieder mit ihren Ahnen aus der himmlischen Sphäre verbinden konnte. Es handelt sich eher um einen religiösen Ort – einen uralten Tempel.

Wir sprechen hier über die Zeit vor 13.000 bis 26.000 Jahren.

Sie hatten unterschiedliche Ursprünge und wollten die Energie innerhalb dieses Planeten bewahren … Es war mehr eine Verbindung aus Liebe, im Gegensatz zur wissenschaftlichen Denkweise … Es war eher eine Herzensangelegenheit, den Planeten gesund und gut versorgt zu erhalten.

Sie waren ein sehr, sehr spirituelles Volk. Das sind sie immer noch. Sie waren die spirituelle, kosmische Seite unserer Brüder.

Medium 5: Diane Gremmel

Die Maya waren ein Eingeborenenvolk. Wir standen schon immer mit höheren Schwingungen in Kontakt ... Im Laufe der Zeit hatten viele von uns Kontakt zu diesen Energien. Regierungen und andere Körperschaften wollen nicht, dass wir mit diesen Energien Kontakt haben, oder sie wissen nicht einmal, dass ein solcher Kontakt bestand. Auch die Maya standen in Kontakt – sie nannten sie Götter, höhere Wesen.

Gehen wir in der Zeit zurück und versuchen wir, die Ursprünge der Maya aufzuspüren. Woher kamen sie?

Die Ursprünge der Maya gehen viele Jahrtausende zurück ... Angehörige des Mayavolkes waren vielleicht irgendwie mit dem Volk der Ägypter verwandt, aber nicht unbedingt in der Weise, dass man mit einem Schiff dorthin fuhr.

Möglicherweise wurden Leute mit Hilfe einer höheren Zivilisation verpflanzt.

Waren Sie schon einmal in einer der Mayastädte?

Ich war nur einmal bei einer Pyramide in Mexiko, als ich noch ganz klein war.

Welchem Zweck dienten die Pyramiden?

Diese Pyramide diente der Bewahrung der Geheimnisse ... Sie hütete die Informationen, die man ihnen gegeben hatte. Es waren heilige Stätten, an denen dieses Wissen aufbewahrt und an denen auch weiterhin Wissen empfangen wurde.

Dies ist ein Ort, an dem Weisheit und Wissen für künftige Generationen aufbewahrt wurde. Genau wie die anderen birgt er viele Geheimnisse, die wir noch nicht ergründet haben … Wissen im Stein und in der Gebäudestruktur.

Können wir diese Informationen denn auch heute, im 21. Jahrhundert, noch empfangen?

Viele Menschen empfangen Botschaften und Informationen und entweder entdecken wir mehr Möglichkeiten, Informationen zu erhalten, oder wir schlagen den umgekehrten Weg ein und entdecken Möglichkeiten, uns selbst zu zerstören. Ich hoffe, wir sind schon so weit, dass viele Leute die Möglichkeit finden, diese Informationen zu bekommen.

Warum habe ich meine Doktorarbeit über die Mayazivilisation geschrieben?

Ja, warum?

Ich habe zuerst gefragt!

(Lacht) Sie spüren viele Verbindungen zu dieser bestimmten Zivilisation – sei es nun aufgrund irdischer Ursprünge, etwa gemeinsamer Ahnen, oder aufgrund einer Verbindung aus früheren Leben. Ihr Interesse reicht sehr weit zurück … Ich spüre, dass Sie schon sehr früh wussten, dass sie dies zu ihrer Lebensaufgabe machen würden. Ich glaube, Sie hatten Träume darüber, die zu weiteren Fragen über die Pyramiden führten.

Ob Sie sich nun eines Kontakts mit Außerirdischen bewusst sind oder nicht … Ich fühle, dass Ihnen da Energie geschickt wurde, um Sie auf Ihrer Suche nach dem entsprechenden Wissen zu unterstützen. Einige hoffen, dass Sie zu denjenigen gehören, die dazu fähig sind, die Geheimnisse zu entschlüsseln …

Gibt es hier noch etwas Unentdecktes?

In den Mauern gibt es nach wie vor Einiges zu entdecken.

Medium 6: Rosalee McIntosh

Die Maya hatten ihre Götter. Es gab hier Schößlinge, aber nicht an diesem Ort. Sie zogen von einem anderen Ort hierher und es erinnerte sie daran, woher ihre Vorfahren gekommen waren. Eine Menge Weisheit und Wissen wurde bei ihnen von einem Ältesten an den anderen weitergegeben.

Auf diesen [Pyramiden] fanden viele Landungen statt und viele Zeremonien und Rituale.

Welchem Zweck diente dieses Bauwerk?

Ist da auf dieser Seite ein Eingang?

Kein sichtbarer Eingang.

Ein großer Teil des Auf- und Absteigens auf der Pyramide war rituell und zeremoniell bedingt und hatte mit Gebeten zu tun. Sie wurde ihren Göttern zu Ehren gebaut – ihrem Glaubenssystem zu Ehren.

Ich weiß nicht, ob die Maya sie tatsächlich gebaut haben. Sie entdeckten sie, als sie hierher kamen und sie ist viel älter als sie.

Wie viel älter ungefähr?

Ich höre, aus vorchristlicher Zeit. Vielleicht 200 vor Christus.

Dr. Sams Anmerkungen

In den letzten beiden Jahrzehnten wurde die Mayazivilisation als nicht allzu weit fortgeschritten beschrieben, aber in den Ruinen ihrer Städte sieht man großartige Architektur und Bautechnik. Sie hatten Landkarten und kannten die Geometrie und sie wussten über Energie Bescheid und darüber, wie man Informationen speichert. Vor allem waren sie perfekte Astronomen. Von den Channelmedien wissen wir, dass die Geschichte der Maya sehr, sehr lang ist, mit Sicherheit viel länger, als die Wissenschaft heute glaubt. Ein roter Faden, der sich durch alle Deutungen zieht, ist auch, dass die Maya aufgrund einer negativen Kraft, die sie nicht überleben konnten oder wollten, fortgingen oder verschwanden.

Palenque, Mexiko

Anlage 10: Palenque, Mexiko – Stufenpyramide der Maya

In Palenque in Mexiko gibt es eine weitere Stufenpyramide. Können Sie mir über diese irgendetwas sagen und liegt dort jemand begraben?

Medium 1: Nancy Kern

Ich empfange einen Eindruck von etwas, das fast dahinter ist – nicht ganz im Zentrum darunter. Da ist noch mehr, aber ich weiß nicht genau, was ich hier spüre.

Medium 2: Lea Jano

Ich empfange nur ein »Ja«. (Jemand liegt hier begraben.)

Medium 3: Lois Wetzel

Sie diente der Anbetung – ursprünglich, später wurde sie für andere Dinge benutzt, aber ursprünglich diente sie der Anbetung. Sie haben einen vulkanischen Stein verwendet, denn sie hielten dort Rituale ab – die Stufen symbolisierten den evolutionären Aufstieg zu den Sternen. Sie wussten, dass man irgendwann, wenn man sich lange genug weiterentwickelt, ein Lichtwesen wird, und danach, wenn man auch das hinter sich hat, wird man ein Stern. Das geschieht wirklich erst nach einer sehr langen Entwicklung – aber man kann zu dieser Quelle des Lichts werden.

Bei den Ritualen ging es darum, weiter auf die Entwicklung zum Stern zuzugehen.

Dieser Ort ist etwa 4.000 Jahre alt.

Medium 4: Jeanne Lubbers

Die Hierarchie war in dem weißen Gebäude, das aussieht wie das griechische Kolosseum.

Ich sehe Maya darauf und plötzlich kommen Spanier dazu.

Was ist das Volk der Maya?

Die Maya waren Abkömmlinge der Ahnen aus Lemurien, die wir alle gemeinsam haben.

Unter dieser Pyramide wurden eine Kammer und Knochen gefunden.

Die Leute, die ihnen heilig waren, wurden hier begraben und versorgt. Es war ein tempelähnlicher Ort. Ich sehe Leute, die wie Priester aussehen. Der Energie nach, die ich empfange, liebten sie die Wahrheit.

Die Maya begannen mit den Halbgöttern.

Wann war zuletzt eine andere Rasse hier?

Sie meinen, wann waren unsere reisenden Geschwister zuletzt hier? Vor 3.600 Jahren. Und wann kommen sie wieder? Anscheinend bekomme ich im Augenblick kein spezifisches Wissen darüber und ich glaube auch nicht, dass sie es uns zur Zeit überhaupt geben wollen. Ich weiß mehr über den Aufstieg ... und wie die Menschen zur nächsten, vierten Dimension weiterentwickelt werden, über die fünfte Welt, von der die Maya sprachen, und darüber, was dazu nötig ist, diese Bewusstseinsebene zu erreichen ... und das alles wird in der nächsten Welt verdoppelt und sehr viel reiner sein.

Hier sehen wir etwas aus einer Zeit, in der alles reiner war, bevor alles so vergiftet wurde, durch den Verfall der menschlichen Gene – vor dem menschlichen Sündenfall. Alle diese Wesen waren unsere Ahnen. Als das hier gebaut wurde, waren die Wesen zumindest Halbgöttern ähnlich ... Sie besaßen großes Wissen ...

Sie besaßen bestimmte Kräfte, um gewisse Dinge zu tun, und seit dieser Generation begann die Degeneration.

Medium 5: Diane Gremmel

Das oberste Gebäude wurde später gebaut, aber nicht viel später.

Es ist ein Ort der Anbetung, und die Stufen waren dazu gedacht, zur höheren Ebene aufzusteigen – zu einer höheren Schwingungsebene – und die Götter zu erreichen.

Befindet sich etwas unter der Pyramide?

Irgendetwas ist unter der Pyramide begraben und es liegen unter diesem Bereich auch Tote aus einer Zeit, die vielleicht sehr, sehr lange vor dem Bau liegt. Wenn man da unten Ausgrabungen macht, wird man Leichname finden und auch Material, das außerirdischen Ursprungs ist.

Haben die Leichen irgendetwas mit der Pyramide selbst zu tun?

Ursprünglich wurden sie nicht als Grabstätte gebaut – der ursprüngliche Zweck war es, die Götter zu erreichen … jemanden zu erreichen, der auf einem Friedhof begraben liegt, aber nein, sie wurden nicht als Grabstätten errichtet.

Was geschah mit der Mayazivilisation?

Es gibt immer noch Menschen hier, die von den Maya abstammen, aber es gab irgendeine Art von Hungersnot, Seuche, irgendetwas, das viele Leute dahinraffte. Irgendwelche Bakterien, eine Krankheit kam ins Spiel. Außerdem ging diese spezielle Zivilisation fort, um sich den Leuten mit einer höheren Schwingungsebene anderswo anzuschließen.

Irgendetwas hat große Teile der Bevölkerung ausgerottet.

Medium 6: Rosalee McIntosh

Jemand wurde unter dieser Pyramide begraben … Er war nicht sehr alt – vielleicht dreißig.

Dr. Sams Anmerkungen

Hier haben wir viele übereinstimmende Informationen über das Volk der Maya erhalten und einige Übereinstimmungen darüber, dass dieser Ort als Begräbnisstätte genutzt wurde.

Die Pyramiden von Sizilien

Anlage 11: Pyramide auf Sizilien

Auf der italienischen Insel Sizilien im Mittelmeer gibt es einige Stufengebäude aus Vulkangestein. Eines davon zeigt dieses Bild. Können Sie mir sagen, welchen Ursprung dieses Bauwerk hat? Welchem Zweck diente es und wer hat es gebaut?

Medium 1: Nancy Kern

Da gibt es ein Klopfen und einen Rhythmus und das Wort Erleuchtung taucht immer wieder auf ... eine Art Meditation des Gehens ... dem liegt ein Muster zugrunde. Der Klang und die Bewegung und der Rhythmus sind wichtig – wie bei Tai Chi oder Qui Gong, aber ein wenig anders.

Man muss schon eine hoch entwickelte Wahrnehmung besitzen, um sich so zu bewegen ... ein Lernprozess hängt damit zusammen, ähnlich wie bei einem Labyrinth. Man wird dadurch in die Gegenwart geführt, in die Stille, wo man Visionen empfangen kann ... und eine höhere Wahrnehmung.

Wie alt sind diese Gebäude?

3.000 Jahre alt ... oder sie stammen von 3.000 vor Christus, aber es sieht eher so aus, als seien sie 3.000 Jahre alt.

Hier steckt eine ganz andere Absicht dahinter als bei den anderen Fundstätten. Es ging nicht um das Übliche ... nicht so sehr um physikalische Dinge, gesellschaftlichen Austausch oder Handel. Das hier war eher eine Art Pilgerweg oder diente einer Visionssuche. Nur ganz bestimmte Leute sind ihn gegangen ... Es war sehr anstrengend. Auf dem Niveau eines olympischen Sportlers.

So ähnlich wie die Piercing-Zeremonien der amerikanischen Ureinwohner – etwas, das einen aus seiner Behaglichkeit reißt ... Man erlebt Schmerz, aber man identifiziert sich nicht damit, um eine Art Befreiung zu empfangen.

Medium 2: Lea Jano

Das ist eher eine lokale Stätte, errichtet von Einheimischen … um Daten zu übermitteln.

Vor etwa 5.000 Jahren.

Medium 3: Lois Wetzel

Sie wurden von Einwanderern gebaut, die aus Ägypten nach Sizilien gekommen waren. Man baute sie, um einen heiligen Ort zur Anbetung und Meditation zu haben … und auch, weil es sie an zuhause erinnerte. Es fühlte sich richtig gut an, eine Pyramide zu haben. Sie interagierten mit den Vorfahren des Volkes, das auf der Insel Kreta einen Tempel baute, und waren offenbar mit ihnen befreundet.

In welchem Zeitrahmen?

Vor gar nicht allzu langer Zeit – etwa zwischen dem Jahr 0 und 500 vor Christus.

Medium 4: Jeanne Lubbers

Auch diese Anlage haben Menschen gebaut – sie ist gar nicht so besonders alt. Ich empfange eher das Gefühl einer religiösen Stätte … als würde ganz oben Moses oder Jesus stehen oder wen sie damals auch angebetet haben. Sie haben da oben Zeremonien abgehalten. Es war ein heiliges Monument und wurde im vierzehnten oder fünfzehnten Jahrhundert gebaut – vor dem achtzehnten Jahrhundert.

Medium 5: Diane Gremmel

Diese Anlage reicht in die ägyptische Zeit zurück. Ich bin nicht sicher, ob sie mit dem Netzwerk der Pyramiden verbunden ist. Es könnte auch etwas ganz anderes sein.

Hier empfange ich keinen Eindruck.

Medium 6: Rosalee McIntosh

Interessant, wie die Stufen seitlich nach oben führen … kleine Menschen, kleine Füße … nicht sehr groß … braunhäutig. Ich bekomme keinen Zeitrahmen.

Hier ging es darum, Götter und Glaubenssysteme zu ehren. Ich sehe eine Gruppe, und dies war ihre Art der Anbetung, mit der sie ihre Glaubenssysteme ehren wollten. Es gab keine Aberhunderte davon.

Dr. Sams Anmerkungen

Ich habe dieses Dia mit aufgenommen, weil die Wissenschaftler die sizilianischen Pyramiden nicht sehr ernst nehmen. Sie wurden rings um die Hänge des Ätna gebaut, und wie es aussieht, alle von derselben Zivilisation und aus demselben Lavagestein. Anscheinend empfanden unsere Medien diese Pyramiden als anders als andere Pyramiden und auch andere Fundstellen und alle Medien sahen, dass dieser Ort neuer war und mehr auf die unmittelbare Umgebung bezogen als die meisten anderen Ausgrabungsstätten.

Güímar-Pyramiden, Kanaren

Anlage 12: Eine der Pyramiden von Güímar auf Teneriffa

Vor der Westküste Afrikas liegt ein wunderschöner Ort, und zwar die kanarischen Inseln, deren größte Insel Teneriffa ist. Auf der Ostseite von Teneriffa liegt eine Stadt namens Güímar, und dort in der Nähe gibt es steinerne Stufenbauwerke, die man die Pyramiden von Güímar nennt. Was war ihr Zweck und wer hat sie gebaut?

Medium 1: Nancy Kern

Dies fühlt sich anders an als die anderen Orte, über die wir gesprochen haben – ein sozialeres, leichteres Gefühl. Ich sehe so etwas wie Picknicks ... und bei den Interaktionen geht es um spirituelle Verbundenheit. Bei dem Gebäude in Sizilien ging es um Einsamkeit, hier geht es eher um Verbundenheit.

Das hier fühlt sich viel legerer an – in den Alltag integriert.

Was war der Zweck?

Ich empfange keinen starken Eindruck von Zeremonien. Ich empfange nicht viel mehr darüber ... Allmählich geht mir der Dampf aus.

Medium 2: Lea Jano

Ich sehe kleine Menschen mit sehr dunkler Haut. Sie waren sehr eng mit dem Äther verbunden. Sie haben das hier im Traumzustand empfangen und dieses Bauwerk errichtet. Zunächst waren sie sich nicht ganz sicher, was es war. Es half ihnen bei der Landwirtschaft.

Es hatte etwas mit dem Wetter zu tun und als sie diese Energie erst einmal angezapft hatten, da lernten sie viel über die Landwirtschaft.

Wie alt ist sie?

Vielleicht 10.000 Jahre alt – etwas älter als die letzten.

Gibt es über diesen Ort irgendeine Botschaft für uns?

Dies war eine sehr heilige Stätte .... Sie ist es immer noch. Und wie Sie sehen, wird sie instand gehalten.

Bei den Bildern von Gizeh habe ich dieses Gefühl nicht gehabt. Dies ist eine sehr heilige Stätte.

Medium 3: Lois Wetzel

Ursprünglich diente sie dem Zweck der Anbetung, wurde dann aber für andere Zwecke verwendet. Sie haben einen vulkanischen Stein benutzt und hielten dort Rituale ab ... Die Stufen symbolisieren den evolutionären Fortschritt auf die Sterne zu.

Sie wussten, wenn man sich lange genug weiterentwickelt, wird man zu einem Lichtwesen, und irgendwann, wenn man auch das hinter sich lässt, kann man ein Stern werden. Das liegt wirklich sehr weit in der Zukunft – aber man kann zu dieser Lichtquelle werden.

Bei den Ritualen ging es darum, sich darauf hinzuentwickeln, ein Stern zu werden.

Wie alt sind die Pyramiden?

Sie sind etwa 4.000 Jahre alt.

Medium 4: Jeanne Lubbers

Nein, das ist kein Steinhaufen. Es führte in etwas hinein, das jetzt nicht mehr existent ist. Als sei dahinter eine Treppe oder etwas Ähnliches gewesen.

Dies stammt eher vom modernen Menschen, nicht von Außerirdischen, eher aztekisch, und es reicht zurück ins fünfzehnte oder sechzehnte Jahrhundert.

Medium 5: Diane Gremmel

Für mich sieht das nicht wie ein Steinhaufen aus. Es hat irgendetwas mit Anbetung zu tun, damit, sich nach dem, was hoch oben ist, auszustrecken. Es hat irgendetwas mit Zeremonien zu tun. Da gibt es eine diagonale Energie. Irgendetwas Zeremonielles geschah auf der Spitze ... Ich sehe Feuer, das mit einer Zeremonie zu tun hat.

Die Guanchen hatten etwas mit dem Bau dieses Gebäudes zu tun. Da ist irgendetwas rings um diese Inseln, unter Wasser, das dazu gehört – Teil eines größeren Ganzen.

Möglicherweise gab es hier außerirdische Ursprünge, die viele Jahrtausende zurückreichen. Ich kann nicht sagen, welche Zivilisation das war. Sie waren nicht ganz menschlichen Ursprungs ...

Ich empfange eine Art Mischlingsrasse. Wenn man sich [aus dieser Zeit] in die Zukunft bewegt, entstehen daraus die Guanchen.

Medium 6: Rosalee McIntosh

Ägyptische Römer und wieder etwas Religiöses ... Je höher man hinaufsteigen konnte, desto näher kam man Gott. Es hat ein Energiesystem, aber ich weiß nicht, ob diese Pyramide mit den anderen verbunden ist. Es gibt noch andere und diese ist die größte?

Ja.

Nun, die Größte wurde noch nicht entdeckt und es geht um die Energie. Die Kleineren helfen dabei, die Energie für die Größere zu erzeugen.

Die Regierung sagt, es sei nur ein Haufen Steine.

Sie wollen, dass die Leute das glauben, aber es stimmt nicht. Die Ahnen der Guanchen reichen sehr weit zurück. Ihre Ururururgroßväter haben dies vor Jahrhunderten gebaut.

Dr. Sams Anmerkungen

Die Wissenschaftler behaupten, es sei nur ein Steinhaufen und keine Pyramide. Die Spanier, die dieses Gebiet im 16. Jahrhundert eroberten, rotteten die Guanchen aus, von denen es hieß, dass sie diese Gebäude errichtet haben. Die Mehrheit der Channelmedien sah diese Stätte als heilig für das Volk, das sie errichtet hat, aber wir bekamen keinen deutlichen Hinweis darauf, welche Zivilisation ihn errichtete und wann.

Pyramiden auf Mauritius

Anlage 13: Zwei der Pyramiden auf Mauritius

Auf der Insel Mauritius im Indischen Ozean gibt es sieben steinerne Stufenpyramiden. Was war ihr Zweck und von wem und wozu wurden sie überhaupt gebaut?

Medium 1: Nancy Kern

Sie hat dieses Dia nicht gesehen.

Medium 2: Lea Jano

Ich sehe wieder die kleinen, dunklen Männer. Es waren Einheimische, genau wie beim letzten Mal [an der vorigen Fundstätte]. Sie empfinden die Information ... Sie waren nicht ganz so sehr daran interessiert wie die Leute beim letzten Mal ... Ich werde sie einen »Stamm« nennen. Die Gebäude wurden etwa zur selben Zeit errichtet wie die letzten – im selben Jahrhundert.

So lernt man die alten Wege ... Mehr sagen sie nicht. Das hier hat eher mit ... einem Ritual oder einer Übung zu tun.

Warum stehen sie ausgerechnet auf dieser Insel?

Einige Leute haben sich tatsächlich von den anderen Anlagen zurückgezogen und das an diesen Ort hier gebracht.

Gibt es zu dieser Stätte noch irgendeine Botschaft?

Sie sagen: Seid vorsichtig, wie ihr euch den Leuten nähert ... den Leuten, die jetzt in der Gegend wohnen. Sie wollen nicht, dass sich jemand dafür interessiert. Sie hätten das Gefühl, dass Sie in ihr Land eindringen – auf ihr Gebiet.

Gehört es jetzt der Regierung?

Ja.

Medium 3: Lois Wetzel

Wieder Vulkangestein, aufgrund der Schwingung, die es abgibt. Dies waren eine Art Missionare – Leute, die umherzogen und lehrten und das Bewusstsein erhöhten … was dasselbe ist.

Wurden sie von Einheimischen gebaut?

Ganz recht, die Einheimischen bauten sie unter Anleitung der Missionare.

Gibt es eine Verbindung zwischen ihnen und den Bewohnern der letzten Fundstätte auf den Kanaren?

Ja, sie gehören beide zur selben Missionarsgruppe, die herumzog und lehrte.

Medium 4: Jeanne Lubbers

Ich empfange nichts darüber, dass sie uralt sind … Es sind keine echten Pyramiden … Ich möchte etwas quer über ihre Spitze legen. Das ist nicht sehr alt, nicht so uralt wie eine Pyramide.

Ich sehe alte Asiaten, die das gebaut haben. Sie sind nicht weiter von Bedeutung … Sie wollten etwas Bedeutendes bauen, aber es wurde nicht bedeutsam. Es besitzt nicht die uralten Eigenschaften der anderen.

Medium 5: Diane Gremmel

Indigene Menschen … und das ist auch nicht einfach ein »Haufen Steine«. Ich empfange eine erdende Energie. Wieder wurde irgendeine Art von Zeremonie abgehalten und dies war ein

Erdungsplatz für Energie. Für die Leute jetzt und damals hängt es mit Ritualen zusammen.

Sie sehen so ähnlich aus wie die auf den 8.000 Kilometer weit entfernten kanarischen Inseln, die wir gerade gesehen haben.

Aber wenn Sie an den außerirdischen Ursprung denken, spielt Entfernung keine Rolle. Sie hätten auf der Erde überall hinreisen können. Ich empfange die Begriffe Erdung und Zeremonie.

Hier könnte man noch etwas anderes finden ... mehr als das, was über dem Erdboden sichtbar ist.

Medium 6: Rosalee McIntosh

Das waren Landeplattformen ... Ich sehe keine riesigen Raumschiffe, aber kleinere, die von einem größeren aus zu ihnen kommen. Dieser Ort war nicht allzu dicht bevölkert ... und er wurde nicht als Zufluchtsort benutzt, sondern war ein Treffpunkt ... oder ein Ort, an dem man wieder zusammenfand. Sie trafen sich hier und begaben sich dann wieder hinauf in ihre Raumschiffe.

Funktionieren die Pyramiden noch?

Zwei der sieben funktionieren noch.

Sie waren schon hier, bevor die Europäer kamen.

Die Regierung behauptet, es seien keine Pyramiden ... nur ein paar Steinhaufen.

Wenn sie als Pyramiden bekannt wären, würde das den Tourismus ankurbeln. Irgendetwas geht innerhalb dieser Regierung vor ... Sie wollen nicht, dass dies bekannt wird, denn sie wollen nicht, dass Leute hierherkommen – sie verbergen irgendetwas.

Dr. Sams Anmerkungen

Sieben Pyramiden wurden auf der Insel Mauritius identifiziert. Von Teneriffa auf den Kanaren aus gesehen liegt Mauritius auf der anderen Seite des afrikanischen Kontinents. Sie sind mit den Pyramiden, die auf Teneriffa gefunden wurden, identisch. Auch hier werden die Pyramiden von den Archäologen und der mauritischen Regierung als »Steinhaufen« bezeichnet.

Es wurden nur sehr wenige Informationen über diese Fundstätte veröffentlicht. Um diese Gebilde zu bauen, wurden 10.000 Tonnen Steine benötigt. Laut der offiziellen Geschichtsschreibung hatte diese Insel vor dem 16. Jahrhundert keine Bewohner. Vielleicht haben die Medien uns ein paar Denkanstöße gegeben, wie und von wem diese Stätten errichtet wurden.

Adams Eroberung der Welt

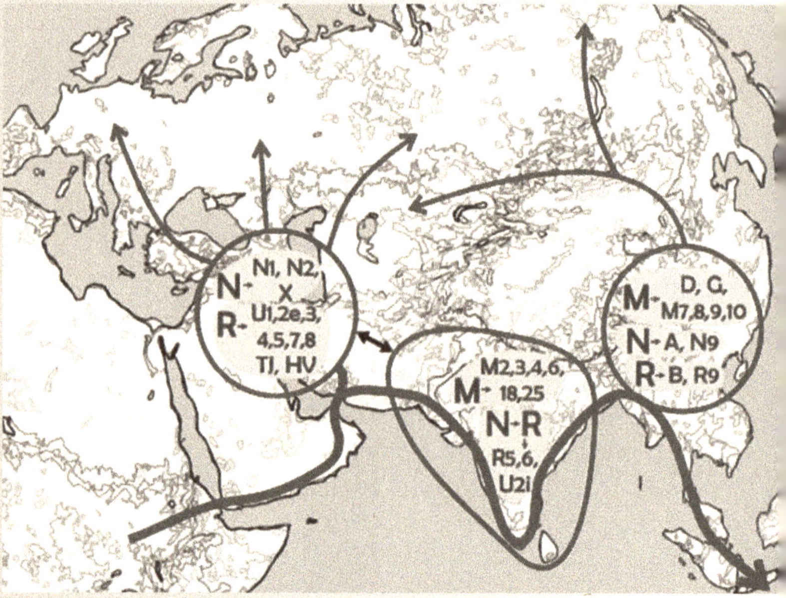

Vorlage 14: Weltweite Verbreitung durch Adam

Anthropologische Genetiker behaupten, der Homo sapiens sei 190.000 Jahre alt und unsere Ursprünge lägen in Afrika. Was empfangen Sie zur Gültigkeit dieser Theorie?

Medium 1: Nancy Kern

Sie hat dieses Dia nicht gesehen.

Medium 2: Lea Jano

Dort gab es lediglich eine bestimmte Gruppe … In Wahrheit ist der Mensch schon länger hier, als wir zeitlich ermitteln können … Die Kontinente waren damals sowieso anders. Sie sagen, aus dieser Perspektive sei die Zeichnung ziemlich präzise. Sie sind in diese Gebiete gezogen – sie zogen nach Norden.

In der Biologie wird vom »Missing Link« gesprochen, dem fehlenden Bindeglied. Was ist das? Wie wurden wir von Tieren zu intelligenten Wesen?

Sie sprechen von Blauen Wesen. Sie fragen nach der Entwicklung vom Tier zum Menschen. Bei all dem geht es um Genetik … Im Laufe der Jahrhunderte ist alles zusammengebrochen.

Sie wollen also wissen, was das »Missing Link« ist? Es gab eine Zeit, da begingen wir die Ursünde, also die erste Sünde, ganz am Anfang: Wir griffen in die Erbanlagen ein.

Wer?

Verschiedene Sternensysteme … Es gab eine Zusammenarbeit, die bis nach Lemurien zurückreicht, und das war vor sehr langer Zeit. Sogar schon davor wollten sie die Spezies neu entwickeln … Das war sozusagen Phase 1 und es gab mehrere Phasen.

Ich empfange nichts über ein Missing Link ... Es hatte ganz eindeutig mit der Veränderung der Genetik zu tun, nicht damit, dass irgendetwas fehlt.

Ist die bosnische Sonnenpyramide ein vollständiges Gebäude, das ganz von Beton bedeckt ist?

Ja, und das werden Sie auch noch aufdecken, aber sie sagen, dass es nach wie vor zahlreiche Menschen gibt, die damit nicht einverstanden sind ... andere allerdings schon. Bei denjenigen, die sich vor allem dagegenstellen, hat es mehr mit einem unterschwelligen Machtkampf zu tun. Das ist der Hauptgrund.

Warum?

Jemand möchte diese Anlage besitzen und behaupten können, sie hätten alles selbst getan. Sie wollen nicht, dass jemand anders sie bekommt. Sie haben dafür finanzielle Gründe.

Wer sind die Leute, die das alles aufzuhalten versuchen?

Sie sagen, das sei sehr kompliziert und diesen Gruppen sei selbst nicht ganz klar, wer der eigentliche Feind ist und wer darauf aus ist, sie [diese Anlage] an sich zu reißen. Sie wissen, dass es eine große Sache ist. Jemand, der in der landwirtschaftlichen Verwaltung Bosniens ganz oben sitzt, hat gemischte Gefühle bei der ganzen Angelegenheit.

Medium 3: Lois Wetzel

Sie hat dieses Dia nicht gesehen.

Medium 4: Jeanne Lubbers

Wir kommen da in einen Bereich, mit dem ich mich in den letzten sieben Jahren selbst sehr beschäftigt habe.

Adam ist nicht so, wie wir ihn anhand der Bibel verstehen. Er hatte seine eigene Gestalt und die Leute betrachten ihn als den Blauen Mann ... den Archetypen, den Gott erschaffen hat. Er war die göttliche Blaupause für die Menschheit.

Bei dem Adam, von dem in Afrika die Rede ist, handelt es sich um eine andere Menschenschöpfung – einen Spross Afrikas. Damit kommt man der Verbindung zur Pyramide und zu Bosnien näher.

Dieses ganze Gebiet war einst Atlantis – ganz Afrika und auch Europa mit seinen Binnenmeeren und unsere amerikanische Ostküste gehörten ursprünglich zu Atlantis. Bei der letzten Polverschiebung verrückte sich alles und die Landmassen veränderten sich. Das hat die letzte Eiszeit ausgelöst.

Medium 5: Diane Gremmel

Die Ursprünge des Menschen und solcher Bauwerke sind für manche Leute dermaßen erschreckend. Bestimmte religiöse Glaubenssätze und das Wissen, woher wir kommen, haben viel mit Macht zu tun ... Es gibt Länder, die nicht wollen, dass wir diese Art von Macht besitzen, und in anderen Ländern werden gewisse Religionen ausgeübt, die nicht wollen, dass wissenschaftliche Entdeckungen ihre Religion hinterfragen.

Es gibt Menschen in hohen Regierungspositionen – in mehreren Regierungen –, die bereits Kenntnisse besitzen, die wir nicht haben, und die hinterfragen, wie viel »das Volk« eigentlich wissen sollte. Sowohl im Zusammenhang mit zu viel Macht als auch in Bezug darauf, ihnen weiter Angst machen zu können. Wenn jemand der Sache zu nahe kommt …

Aber es gibt [auch] hohe Regierungsmitglieder, die »zum Licht gehören« und positive Arbeit leisten. Sie helfen uns dabei, Dinge zu enthüllen, wenn wir so weit sind – wenn wir als Gesellschaft bereit sind, sie auch zu verstehen.

Meinen Sie damit, dass Außerirdische beobachten, was hier bei uns auf der Erde vorgeht?

Absolut, und sie interagieren sogar mit uns. Es gibt da Dinge, die verborgen geblieben sind – noch nicht entdeckt wurden –, weil wir als ganzes Volk noch nicht weit genug sind. Und es gibt Wesenheiten auf diesem Planeten, die das Wissen aus negativen Gründen benutzen. Sie wollen es vor uns geheim halten, aber diejenigen, die uns das Wissen zugänglich machen wollen, wenn wir dazu bereit sind, entstammen einem wesentlich positiveren Umfeld. In dem Wissen, wozu wir als Gesellschaft fähig sind, steckt eine Menge Macht.

Wie wichtig ist die Entdeckung der bosnischen Pyramiden?

In Bosnien befinden sich einige der ältesten Bauwerke und dass wir dieses Puzzlestück verwenden können, um das Bild des Großen Ganzen zusammenzusetzen, ist sehr wichtig. Viele Teile des Gesamtbildes, die bisher entdeckt wurden, waren bedeutsam, aber das Puzzlestück von Bosnien ist ein ganz besonders wichtiges Detail.

Es ist eine äußerst wichtige Entdeckung, auf jeden Fall.

Wie sollen wir weiter vorgehen?

Da gibt es den Wald und die Bäume … Jemand sollte die Pyramiden einmal daraufhin untersuchen, wie sie zur Erdung von Energie einsetzbar sind – solche Dinge. Außerdem sollte jemand erforschen, in welchem Verhältnis sie alle zueinander stehen, und herauszufinden versuchen, wo wir weitere Beweise für die Hypothese A finden könnten, um sich dann darauf zu konzentrieren. Damit das alles in seiner Ganzheit zusammengefügt werden kann, wird jemand benötigt, der auf diese Weise zu denken vermag.

Manche Leute sind nicht bereit, ihre Denkweise zu ändern. Deshalb haben uns selbst die besonders positiven Kräfte, die hier sind, lediglich erlaubt, das zu entdecken, von dem wir auch bereit sind, es zu entdecken. Es gibt Menschen – darunter Sie –, die extra dafür hier sind, die Menschheit auf ganz bestimmte, wissenschaftliche Weise zu unterrichten, damit sie die ersten Gedankensprünge wagen kann.

Die verschiedenen Zwecke und Bedeutungen, die hinter der Verwendung der Pyramiden und ihrer Bauweise stecken – das zu begreifen, macht vielen Leuten entsetzliche Angst, und nur ein Wissenschaftler könnte in der Lage sein, es so zu erklären, dass es nicht allzu bedrohlich wirkt. Es ist auch nicht einfach, es »linkshirnigen« Leuten zu erklären, da sie »rechtshirnige« Gefühle und Intuitionen vielleicht nicht verstehen. Sie haben eher die Möglichkeit, der Welt dabei zu helfen zu verstehen, was wirklich geschehen ist.

Dieses Dia zeigt die Migration aus Afrika und dass die Menschheit 190.000 Jahre alt ist. Stimmt das?

190.000 Jahre alt? Das stimmt nicht ganz. Einst waren wir hoch entwickelt und dann zerfielen wir als Volk und degenerierten, dann kamen wir wieder hervor und degenerierten erneut und kamen wieder hervor und degenerierten … und immer so weiter. Der Homo sapiens war zu verschiedenen Zeiten auf diesem Planeten und hin und wieder waren hier auch Außerirdische. Es gibt da etwas, das mit Datierungen

[Zeitlinien] zu tun hat, das wir nicht verstehen. Es hängt mit Energien und Dimensionen zusammen ... mit verschiedenen Umständen. 190.000 Jahre ist eine wissenschaftliche Schätzung, mehr aber auch nicht.

Wenn man die einzelnen Religionen genau betrachtet, ähneln sich die Geschichten alle: Es gibt Wesen mit einer höheren, liebenden und guten Natur, die von oben herabkommen, um uns zu helfen und uns in einen Zustand zurückzuversetzen, der reine Liebe und positive Energie ist, und die uns ständig ihre Energie schicken ... sei es direkt, oder auch durch Engel oder Propheten. Jede Religion hat ihren eigenen Weg – einen Pfad zur Wahrheit. Wenn man es aus diesem Blickwinkel betrachtet, hat jede Religion Recht und an jeder Religion könnte mehr dran sein, als wir bisher verstehen.

Wenn jemand herausfinden würde, dass Jesus eine historische Gestalt war, die aus dem interplanetarischen Raum der Licht und Liebe zu uns kam – dann würde die Historie dadurch gar nicht so sehr anders ausfallen als das, was die Leute derzeit als Wahrheit zu sehen gelernt haben. Gibt man den Leuten nämlich eine Wahrheit, die sie gut verdauen können, ermöglicht man ihnen damit, die Bereitschaft aufzubringen, wissenschaftliche Fakten in ihre eigenen Glaubenssysteme zu integrieren und allmählich die wissenschaftlichen Fakten darin zu erkennen. Nimmt man ihnen die Religion zu schnell weg, dann nimmt man ihnen alles, worauf sie ihr Leben und ihre Erfahrungen gründen, und das ist nicht gut.

Ich würde Wert darauf legen, dass die Leute wirklich die Wechselbeziehung zwischen Geist und Wissenschaft begreifen. Die verschiedenen Geschichten, die wir über Gott oder die Götter hören, beruhen wahrscheinlich alle auf der Wahrheit – sie beruhen darauf, dass Gott für die positive Energie im Universum steht und der Menschheit helfen will.

Natürlich erhebt sich immer noch die Frage, wer das Universum eigentlich erschaffen hat … Es gibt also noch genügend wichtige Fragen, die man stellen muss. Jede Religion kann die Wahrheit in den Dingen finden, über die wir hier sprechen.

Wie würden Sie die heutige Erfahrung beschreiben?

Das heute war eine Mischung aus Informationen, die mir von meinen Geistführern eingegeben wurden, und einiger Augenblicke, in denen einfach der gesunde Menschenverstand hinzu kam. Aber 95 Prozent der Dinge, die ich empfangen habe, kamen von meiner Führung, und wenn ich keine Informationen erhalte, dann sage ich Ihnen das auch. Ich weiß, dass Sie heute als Wissenschaftler mit gewissen Vorstellungen, an die Sie bereits glaubten, zu mir gekommen sind, aber dann waren Sie trotzdem bereit, all diese Fragen ganz offen zu stellen.

Dieses Gespräch war viel weiter gefächert, als es sonst bei mir üblich ist.

In Bezug auf Sie habe ich den Eindruck von Führungsqualität und außerirdischer Herkunft bekommen. Sie waren schon einmal ein Teil von alledem … Sie haben diese Arbeit schon einmal gemacht.

Neben den genannten gibt es eine weitere Insel, oder gleich mehrere, die noch entdeckt oder verstanden werden müssen und von Bedeutung sind – und die werden in all dem ebenfalls eine Schlüsselfunktion haben.

In Nordamerika gibt es noch Weiteres zu entdecken.

Außerdem ist China ein Teil dieses größeren Puzzles … Es wird momentan von Leuten erforscht, die keine Informationen weitergeben wollen.

Der Nordsudan …

Medium 6: Rosalee McIntosh

Die Erde ist viel älter und Atlantis und Lemurien gab es wirklich. Ich habe Menschen bis nach Atlantis zurückgeführt und sie haben es mir beschrieben.

Schlussfolgerungen

Wir wollten herausfinden, ob wir die Lücke schließen können, die zwischen der physischen Wissenschaft der archäologischen Fundstellen auf der ganzen Welt und der spirituellen Ebene, die wir die Akasha-Chroniken nennen, klafft.

Dazu haben wir eine Gruppe von sechs Medien versammelt, die die Akasha-Chroniken channeln, ohne vorher zu sagen, was genau wir ihnen zeigen werden. Mehrere Dinge waren uns wichtig: Erstens wollten wir erleben, inwieweit Erfahrung die gegebenen Informationen beeinflusst – also hatten wir eine Person dabei, die nur wenige Jahre Erfahrung besaß, während andere Leute schon seit über zwanzig Jahren die Chroniken deuten.

Da die Akasha-Chroniken der spirituellen Ebene angehören, wollten wir außerdem herausfinden, ob es eine Methode gibt, die Fähigkeit einer Person, die diese Chroniken deutet, zu messen. Würden alle, wenn man ihnen dieselben Fragen in derselben Umgebung vorlegt, gleich antworten? Können die Medien die augenblicklichen wissenschaftlichen Glaubenssätze verifizieren oder zurückweisen?

Ich habe dieses Projekt durchgeführt, weil ich die vorgestellten Ausgrabungsstätten und Fundstätten selbst über Jahre erforscht habe und weiß, dass es immer noch keine Antworten auf viele Fragen gibt. Zum Beispiel: Wer hat diese Anlagen erbaut, wann wurden sie erbaut und zu welchem Zweck? Obwohl es in den letzten zehn Jahren viele neue wissenschaftliche Heinweise gegeben hat, wurden diese Fragen nach wie vor nicht beantwortet.

Mein Fazit ist, dass dieses Experiment eine gute Idee war. Mit der Wechselbeziehung zwischen den verschiedenen Informationen bin ich nicht allzu glücklich, denn als Wissenschaftler hatte ich gehofft, dass all die Bilder und Botschaften deutlicher sein würden, als sie es dann waren. Wir können nicht definitiv behaupten, dass die Akasha-Chroniken uns genügend einander ähnliche Informationen gaben, um spezifische Schlussfolgerungen zu ziehen. Aber trotz dieses Fazits glaube ich, dass diese Forschungsrichtung in Zukunft eine große Rolle spielen wird.

Wir lernen ja schließlich noch.

Auf jeden Fall erbrachten diese Channelings einige interessante Fakten und rote Fäden, die sich durch das ganze Experiment zogen und die wir einmal näher betrachten sollten:

1. Unsere Welt ist noch nicht bereit für all die Antworten, die die uralten Fundstätten für uns bereit halten.
2. Aus wissenschaftlicher Sicht gab es beim Zeitrahmen die problematischsten Widersprüche. Jedoch sagten sämtliche Medien entweder vor, während oder nach der jeweiligen Sitzung, dass Zeitlinien am allerschwierigsten festzumachen sind, denn was wir uns unter »Zeit« vorstellen, ist ein Bezugsrahmen, von dem wir lediglich beschlossen haben, ihn für »wahr« zu halten. Tatsächlich hat unsere Spezies, was Zeitfestlegungen betrifft, noch keine Einigkeit erreicht. Die meisten von uns benutzen zwar den gregorianischen Kalender, aber es gibt ungezählte andere Kalender, wie zum Beispiel den indischen Malayalam, den Mayakalender, den Mondkalender, den chinesischen, islamischen und Hindu-Kalender, um nur einige zu nennen.

3. Ausnahmslos hatten alle Medien währen der Sitzungen zumindest eine Erfahrung, bei der sie die ihnen gegebene Information nicht ganz verstanden, da es um Dinge ging, die außerhalb ihres persönlichen Weltbildes in diesem Leben lagen – es ist schwierig, ein Konzept zu beschreiben, für das man keine Worte hat.
4. Viele der Fundstätten »schlafen« energetisch und werden erwachen, wenn der richtige Zeitpunkt gekommen ist.
5. Nicht alle Fundstätten sind »gleich« – einige sind viel älter und energiereicher als andere.
6. Viele Kulturen lebten wesentlich länger im Umkreis dieser Fundstätten, als die heutige Wissenschaft anzuerkennen bereit ist.
7. Beim Bau der ältesten Anlagen wurde eine Art spiritueller Technologie benutzt – Levitation und Schwingungsenergie, die wir noch nie erlebt haben, sind ein gemeinsamer Faktor.
8. Unser Planet hat schon viele Zyklen der Erleuchtung und der spirituellen Dunkelheit erlebt und die Channelings stimmen darin überein, dass wir uns aktuell in einer nach oben, zur Erleuchtung führenden Phase befinden.
9. Die Erde wurde von Rassen bevölkert, die von anderen Planeten und/oder aus anderen Dimensionen kamen.
10. In Zukunft werden noch weitere Pyramiden und Fundstätten entdeckt werden.
11. Die Pyramiden sind für ihre unmittelbare Umgebung wichtig und einige von ihnen könnten Teile eines globalen Netzwerks sein.
12. Die Pyramiden wurden benutzt, um spirituelle Wahrnehmung zu erlangen, als Landeplätze, als kulturelle Versammlungsorte, zur Meditation und um positive Energie zur Verjüngung und Heilung zu erlangen.

13. In und um viele alte Fundstätten auf der ganzen Welt gibt es noch mehr zu entdecken – vieles von dem, was noch unentdeckt bliebt, liegt entweder unter Wasser oder ist unterirdisch.
14. Es gibt Kräfte, die sich bemühen, die Wahrheit über alte Fundstätten aktiv vor der Gesamtbevölkerung verborgen zu halten.
15. Wir müssen uns sowohl individuell als auch als Spezies spirituell weiterentwickeln, bevor wir die alten Fundstätten auch nur verstehen können – ganz zu schweigen davon, zu lernen, ihre Kräfte zu nutzen.

Haben wir irgendetwas bündig bewiesen? Für viele sicher nicht, aber für diejenigen, die bereit und fähig sind, die Informationen, die wir durch diese Channelings bekamen, herunterzuladen und zu verdauen, sicherlich schon. Vielleicht wird dieses Buch eine Art Leuchtturm werden, der auf ein Portal des Wissens hinweist, das unsere kollektive Vergangenheit, Gegenwart und Zukunft umfasst. Wenn die Menschen nur anfangen, mehr Fragen zu stellen, haben wir unsere Aufgabe bereits erfüllt.

Die Welt ist rund.
Der Mensch kann fliegen.
Die Pyramiden …

Fortsetzung folgt!

ANHANG

LEIDENSCHAFT & RÜCKFÜHRUNG

Leidenschaft und Liebe

Dies ist ein Foto von mir und meiner Frau, als sie mit mir auf Mauritius war. Was können Sie mir über uns und unsere Beziehung sagen?

Während der Sitzungen wurde deutlich, dass Dr. Sam nicht nur Fragen zum Pyramidenprojekt hatte, sondern auch Fragen über sein persönliches Leben. Mehreren Medien legte er deshalb auch eine Frage und ein Dia über seine Frau und seine Beziehung zu ihr vor – immer mit einem kleinen, spaßhaften Grinsen. Ganz offensichtlich ist er überzeugt, dass sie beide dazu bestimmt sind, in diesem Leben zusammen zu bleiben.

Soweit ich weiß, wusste keines der Medien auch nur, dass er verheiratet ist, geschweige denn irgendetwas über Sabina, seine Frau, die in Bosnien lebt und zum Zeitpunkt unseres Experiments noch nie in den Vereinigten Staaten gewesen war. Niemand wusste, dass er Fragen über seine Beziehung stellen würde.

Wenn es die Zeit gegen Ende der Dia-Präsentation erlaubte, zeigte Dr. Sam den Medien jetzt noch das Dia vom Anfang des Kapitels, auf dem seine Frau den Betrachter ansieht.

Medium 1: Nancy Kern

Sie hat dieses Dia nicht gesehen.

Medium 2: Lea Jano

Ich glaube, Sie haben diese Frage [über die Beziehung] bereits selbst beantwortet.

Medium 3: Lois Wetzel

Sie waren schon früher zusammen … Bruder und Schwester … Sie gehörten viele Male zur selben Familie. Das wussten Sie gleich, als Sie sie sahen, stimmt's?

Ja.

Sie kann innere Bilder leichter wahrnehmen als Sie. Sie ist hier, um Ihnen in medialen Belangen zu helfen. Sie ist eher nicht hier, um bei der Ausgrabung selbst mitzuwirken … Sie ist hier, um zu inspirieren und hellseherisch zu arbeiten. Sie braucht gar nicht erst zu lernen, wie man aus der Ferne etwas wahrnimmt.

Sie beherrscht jetzt schon das Remote Viewing ganz ausgezeichnet. Das wird Ihnen bei Ihrem Projekt noch helfen.

Medium 4: Jeanne Lubbers

Sie beide waren in einem früheren Leben Bruder und Schwester und hatten die Aufgabe, die Menschen eine bessere Lebensweise zu lehren. Es ist eine lemurische Energie ... Sie stammt aus derselben Konstellation wie Sie. Sie sehnten sich verzweifelt danach, den Menschen zu helfen, ihre Welt umzuwandeln, und im Zusammenhang damit gab es Zerstörung. Ich sehe eine riesige Welle, die auf Sie zu rollt und ein Dorf vernichtet.

In diesem Leben haben Sie beide noch immer eine tiefe Sehnsucht, Menschen zu helfen und mehr über unser Erbe zu erfahren, besonders über die Maya – aber Sie beschäftigen sich auch mit den Ägyptern. Ihre ägyptischen Leben hatten ebenfalls damit zu tun. Auch in Ihren ägyptischen Leben haben Sie sich ineinander verliebt und Sie mussten den Pharao um die Genehmigung bitten, sie zu heiraten, weil ihre Liebste nicht aus dem Hochadel stammte.

Sie haben beide so viele Leben miteinander verbracht und dieselben Ziele verfolgt ... Sie teilen dieselbe Sehnsucht, Dinge zu entdecken, die das Leben der Menschheit auf den richtigen Weg bringen könnten.

Die Sehnsucht in Ihnen beiden ist wirklich sehr stark.

Medium 5: Diane Gremmel

Sie haben früher schon zusammen gelebt. Sie hatten schon früher beide diese Art von Auffassung oder Interesse. Sie sind in diesem

Leben zusammen gekommen, weil es da ein Wissen gibt, das sie beide miteinander teilen wollen.

Ich glaube, Liebe gehört zu unserer Bestimmung, und zwar in dem Maße, dass man, wenn man ein bestimmtes Ziel verfolgt, das man erreichen muss, eine Gefährtin mit derselben Art von Energie haben darf, die einem beisteht, einen inspiriert und einen darin unterstützt, seine Aufgabe zu erfüllen. Ich glaube allerdings nicht, dass Liebe eine Bestimmung sein muss oder dass Bestimmung zwingend mit einer bestimmten Person zusammenhängt, aber in Ihrem Fall ist es so, weil der Hauptzweck ihres Zusammenseins die Entdeckung dieser Aufgabe und die weitere Arbeit daran ist.

Sie war in einem anderen Leben ein Mann und hat ein starkes Selbstgefühl – sie weiß, was sie will und wie sie es will. Sie war in früheren Leben Soldat und Wissenschaftler. Sie besitzt eine Menge wissenschaftliches Wissen, das aus früheren Inkarnationen stammt. Sie selbst hatten einige weibliche Inkarnationen und ich habe das Gefühl, sie beide waren in früheren Leben auf mehr als eine Weise Partner. Sie haben miteinander Zeit auf anderen Planeten verbracht und sind zurückgekommen, um sich erneut damit zu befassen.

Medium 6: Rosalee McIntosh

Sie ist Ihre Zwillingsflamme, nicht Ihre Seelengefährtin. Eine Zwillingsflamme ist eine Person, die einen ergänzt, aber eine eigene Richtung und eigene Ziele hat, genau wie Sie selbst, und sie wird Sie ehren und Ihnen helfen, aber sie wird nicht ihre eigenen Träume und Ziele aufgeben, um Sie glücklich zu machen.

Was sind ihre Träume und Ziele?

Sie liebt die Kamera.

Sie findet das, was Sie tun, sehr interessant und unterstützt Sie darin sehr, aber ihr liegt die Kamera viel mehr als die Ausgrabungen. Sie ist sehr künstlerisch, sehr kreativ. Stammen einige dieser Fotos von ihr?

Ja.

Ich sehe eine Ausstellung ihrer Fotos. In der Fotografie wird sie zu sich selbst finden und ich sehe sie auch viel schreiben – am Computer. Sie ist sehr klug, sehr intelligent, aber manchmal ein wenig stur. Sehr nach außen orientiert, sie liebt es, mit Ihnen zu reisen. Sie versteht, was und wer Sie sind, aber sie möchte die Welt mit ihren eigenen Augen sehen.

Ihre Kreativität ist ihr sehr wichtig.

Warum ist sie an meinem augenblicklichen Leben beteiligt?

Es liegt eine gewisse Anziehungskraft für sie darin, loszuziehen und das alles zu sehen, und wahrscheinlich hatte sie irgendwann in einem anderen Leben etwas damit zu tun. Ob sie nun ein Wesen war, das hierher kam und das alles mit erschuf, oder ob sie hier zu einer Siedlung gehörte, die sie jetzt als Steinhaufen sah – sie hat einige Leben hier verbracht. Sie hat auch in Chichen Itza gelebt ... ein sehr kurzes Leben voller Leid.

Sie ist Journalistin.

Ja, sie liebt es, zu schreiben, und sie liebt auch die Kamera. Die Kamera passt zu ihr wie eine zweite Haut. Jemand sagt gerade: Achten Sie auf die Kamera im Schlafzimmer. (Beide lachen.)

Rückführung in frühere Leben

Als alle Channelings erfolgt waren, bot Lois Wetzel Dr. Sam eine Rückführung an. Hier folgt eine Niederschrift dieser Sitzung:

Rückführung für Dr. Semir Osmanagich

Lois und Dr. Sam erörtern, was er sich von der Rückführung erhofft, dann fängt sie an …

Lois: Ich sehe eine Art Luftkampf – mit einem ungewöhnlich aussehenden Flugzeug. Diese Art Flugzeug kenne ich gar nicht. Ich sehe, dass Sie nicht am Steuer sitzen, aber das Kommando haben. Es ist kein kleines Flugzeug. Es befindet sich am Himmel über dem Planeten, den wir Erde nennen.

Sie und Ihre Leute entstammen einem anderen Universum. Universen sind aufeinander gestapelt wie Eier in einem Karton und um von einem Universum ins andere zu gelangen, muss man ein ganz bestimmtes Protokoll einhalten. Um in dieses Universum zu kommen, muss man durch ein Portal am Sirius. Ihre Gruppe hat das Protokoll nicht eingehalten, weil die Leute, die in Ihrem Universum den Oberbefehl hatten, aus irgendeinem Grund nicht glaubten, dass das nötig sei.

Und als Sie entdeckt wurden, während Sie sich dem kleinen Planeten näherten, der noch nicht sehr weit entwickelt war …

Das geschah vor langer Zeit in einem bestimmten Zyklus, der das Lange Jahr genannt wird, und der Planet befand sich gerade in einem nicht sehr entwickelten Zustand innerhalb dieses Zyklus ... Als sie entdeckt wurden von den Wesen des Sirius, deren Aufgabe es war, zu entscheiden, wer in dieses Universum eindringen durfte, da kam heraus, dass Sie zwar eingetreten waren, aber nicht die richtigen Portale oder Kanäle benutzt hatten, und man befahl Ihnen, zum Sirius zurückzukehren. Aber dazu waren Sie nicht bereit, und so kam es zu diesem Luftkampf.

Ihr Schiff wurde beschädigt und landete auf der Erde. Die Sirianer verhandelten mit Ihnen darüber, was Sie nun tun könnten, um das, was sie als falsch ansahen, wieder gut zu machen. Sie wiederum hatten das nur getan, weil die Leute, die in der Hierarchie Ihrer Heimat über Ihnen standen, Ihnen das befohlen hatten.

Als Sie allmählich begriffen, warum die Sirianer so aufgebracht waren und warum sie Sie angegriffen hatten, wurde Ihnen auch selbst klar, dass Sie das wieder gut machen mussten. Deshalb stimmten Sie zu und die Leute auf Ihrem Schiff ebenfalls. Alle waren mit dem Plan der Wiedergutmachung einverstanden und man unterwies Sie in den Grundbegriffen des hiesigen Protokolls. Es ging lediglich darum, über das Protokoll dieses Universums Bescheid zu wissen und Sie waren alle damit einverstanden, lange Zeit zu bleiben und den Sirianern bei ihren Projekten zu helfen, die die Entwicklung der Wesen in dieser Region fördern sollten – nicht nur auf dem Planeten Erde.

Ich höre, dass es sehr kompliziert ist und meine Fähigkeiten, es zu begreifen, übersteigt, darum sagen sie mir mit einfachen Worten, dass Sie mit Wesen aus vielen verschiedenen Planetensystemen gearbeitet haben, um deren Entwicklung zu fördern. Mithilfe Ihrer Möglichkeiten sind Sie nämlich gewaltsam in dieses Universum eingedrungen. So haben die Sirianer das gesehen – als ein gewaltsames Eindringen. Sie hätten etwas gefährden können … und ich bekomme jetzt tatsächlich einige der Frequenzen mitgeteilt, die Sie aufgrund Ihrer Methode, in dieses Universum zu kommen, erzeugt haben, und die haben tatsächlich in gewissen Gebieten Schäden angerichtet. Sie und Ihre Mannschaft haben das getan, ohne zu wissen, dass Sie Schäden hervorrufen würden – denn da, wo Sie herkamen, hätte ihre Handlungsweise niemandem geschadet.

Sie waren einverstanden zu bleiben, und das war … Du meine Güte! Vor 23 Millionen Jahren, da kamen Sie in dieses Universum und waren einverstanden zu bleiben. Und Ihre Mannschaft, aus wie vielen Personen bestand die? Aha, okay, ich höre … Alle 23.500 Personen waren ebenfalls einverstanden zu bleiben.

Manche von ihnen leben inzwischen auf anderen Planeten in anderen Sternensystemen, aber alle arbeiten nach wie vor mit den Sirianern zusammen, die die Torhüter dieses Universums sind. Sie haben bis heute viele Inkarnationen hier auf der Erde und auf anderen Planeten dieses Universums erlebt. Ich will mich nicht in diese Inkarnationen vertiefen, aber Sie und Ihre Mannschaft waren alles aufgestiegene Wesen, so wie wir »aufgestiegen« definieren. Sie waren multidimensionale Wesen. Mehr geben sie mir nicht zu diesem Thema.

Haben Sie weitere Fragen?

Dr. Sam: *Sind von diesen 23.500 Personen noch einige hier auf diesem Planeten? Sind einige von ihnen, Sie wissen schon …*

Lois: Ihre Vettern und Kusinen? Das Erste, das ich empfing, war, dass viele von ihnen zu Ihrer Familie gehörten. Viele von ihnen sind mit Ihnen verwandt – sehr viele sogar. Ich frage gerade, wie viele davon sich zur Zeit auf der Erde befinden. Ja, 12.342 … In diesem Augenblick. Das kam jetzt sehr schnell!

Dr. Sam: *Meinen Sie in diesem Leben?*

Lois: Ja, ich rede von diesem Leben, in dieser Dimension … 12.342. Sie sind alle hier. Das ist eine sehr wichtige Zeit. Einige von ihnen unterstützen Sie, obwohl Sie gar nichts davon wissen. Sie tun einfach gewisse Dinge. Einige sind sich dessen bewusst und andere nicht. Manche arbeiten im Schlaf, falls Sie wissen, was ich meine?

Dr. Sam: *Ja.*

Lois: Zwei von ihnen – und ich empfange das in Parenthese – sind Ihre »Vorgesetzten« auf dem Sirius. Mit anderen Worten: Es hat etwas mit deren Hierarchie zu tun und mit ihrem Verhältnis zu uns. Sind Sie bereit, andere Leben zu sehen?

Dr. Sam: *Ja.*

Lois: Eine der speziellen Fähigkeiten, die Sie aus dem anderen Universum mit hierher gebracht haben, ist bauliches Fachwissen. Sie lachen, während sie das sagen, denn es geht um etwas viel Größeres … Architektur, Bautechniken, heilige Geometrie, solche Dinge, und es ist so lange her, dass wir keine geschichtlichen Daten darüber besitzen.

Sie brachten den Wesen auf der Erde Informationen und betrachteten sich als Lehrer. Sie haben sogar Pythagoras unterrichtet, aber Sie haben ihn belehrt, während er schlief, so dass er dachte, er hätte alles selbst herausgefunden. Sie haben an vielen verschiedenen Orten und in verschiedenen Inkarnationen auch viele Pyramiden gebaut, weil sie viel Gutes für die Leute bewirken wollten – durch den Schutz, den diese boten –, und natürlich, wie Sie wahrscheinlich schon erraten haben, waren Sie auch der Erbauer der bosnischen Pyramiden, die Sie nun erforschen. Dieser drei sowie mehrerer anderer … und Sie haben sogar Pläne für weitere hinterlassen, die später gebaut werden sollten. Der Grund, warum Sie sie gebaut haben, war nicht nur die Energie, die von ihnen ausgeht und die Pflanzen beim Wachstum unterstützt, sondern vor allem die von ihnen ausgehenden Schutzfelder.

Das ist eines der vielen Systeme aus uralter Zeit, die diesen Planeten bewahren … davor bewahren … Das Wort, das ich höre, kommt dem Begriff »Invasion« am nächsten. Gemeint ist die Gefahr, dass wir in irgendeiner Form und auf irgendeiner Ebene von gewissen Kräften anderer Sterne beeinflusst werden könnten, die uns benutzen und ausbeuten wollen und uns nicht erlauben, uns auf natürliche Weise zu entwickeln.

Tatsächlich sind wir ein Experiment, das durchgeführt wurde und dem man erlaubt hat, sich auf eigene Weise zu entwickeln. Einige dieser Energien – keineswegs alle – existieren, um böswillige Kräfte fernzuhalten. Unter anderem funktioniert das so ähnlich wie ein Alarmsystem. In Museen aktiviert man nachts, wenn sie geschlossen sind, Lichtschranken, damit niemand etwas Wertvolles stehlen kann. In gewisser Weise arbeiten diese Systeme genauso. Es gibt viele davon, auf dem gesamten Planeten verteilt, und sie senden Signale zurück zum Sirius, denn dort ist das Hauptquartier – mir fällt kein besseres Wort ein – zum Schutz dieses sehr besonderen kleinen Planeten.

Es gibt dreizehn erdähnliche Planeten in diesem Universum, das ist alles – nur dreizehn. Es ist also ein Alarmsystem, das uns schützen soll, und obendrein werden Energien ausgestrahlt, die unsere körperliche Gesundheit und unser emotionales und spirituelles Wohlbefinden fördern, auch das Wohlbefinden der Pflanzen und Tiere.

Ich werde jetzt nachsprechen, was ich höre: Unharmonische Frequenzen aufeinander abstimmen, die manchmal aus dem

Erdinneren dringen, weil die Erde ja nicht ganz im Gleichgewicht ist, aufgrund der Beziehung zwischen der Erdachse und der Viskosität gewisser Materialschichten im Erdinneren. Für mich ergibt das keinen Sinn, aber irgendjemand anders wird es wohl verstehen.

Sie haben also die bosnischen Pyramiden gebaut und auch einige andere, aber nicht unbedingt innerhalb eines Lebens.

Haben Sie dazu noch Fragen?

Dr. Sam: *Ja, wann war das? Wann genau habe ich die bosnischen Pyramiden gebaut?*

Lois: Offenbar gab es verschiedene Stadien. Vor 500 Millionen, 144 Millionen, 14 Millionen Jahren … Da schwirren ein paar Dinge herum, die für mich überhaupt keinen Sinn ergeben. Zeiten zu bestimmen ist das allerschwierigste überhaupt, weil Zeit ja gar nicht existiert. Es ist nur eine Illusion dieses sich drehenden Planeten.

Lassen Sie mich noch mal die Wächter der Akasha-Chroniken fragen … Sie sagen: »500 Millionen? Wer hat dir 500 Millionen gesagt? Vor 144 Millionen und 14 Millionen Jahren.« Sie waren also mehr als einmal hier – vor etwa 144 Millionen Jahren und … Aber dieser Zeitkrempel ergibt keinen Sinn … Jetzt heißt es, Sie wären das erste Mal vor 23 Millionen Jahren hierher gekommen. Keine Ahnung, was das bedeuten soll … Ich wiederhole nur, was ich höre. Oh, warten Sie, ich höre einen Begriff: *Zeitreise.* Das ist es … Ich höre noch mehr. Sie kamen vor 23 Millionen Jahren her und unternahmen dann Zeitreisen, um zu gewissen Zeitpunkten gewisse Dinge zu tun. Sonst hätten die Dinge, die Sie vorhatten, nicht funktioniert. Einiges musste schon vorhanden sein und deshalb gingen Sie auf Zeitreise. Sie erinnern mich auch daran, dass es Dinge gibt, die wir nicht verstehen können.

Ich sehe, dass Sie innerhalb der abwärts gerichteten Zyklen, wenn eine Zivilisation sich zurückentwickelt, drei verschiedene Leben hatten. Sie waren der Hüter dieser Pyramiden, und Sie haben die Tunnel aufgefüllt … oder Sie waren der Architekt und Oberaufseher. Sie haben das Auffüllen der Tunnel beaufsichtigt, damit sie erhalten blieben, und gewisse Dinge mit schützendem Material umhüllt … Sie hörten auf die spirituelle Führung und waren auch eine Art Priester und als solcher adjustierten Sie gewisse … Mir fällt kein anderes Wort ein als Maschinen, aber es waren keine Maschinen, wie wir sie verstehen. Sie hatten keine beweglichen Einzelteile. Aber Sie adjustierten die Frequenzen, die von gewissen Objekten ausgingen, um die Integrität der Energiefrequenzen zu erhalten, die von den bosnischen und anderen Pyramiden auf dem Planeten ausgestrahlt werden.

Es gab drei verschiedene Leben, in denen Sie lediglich auf die spirituelle Führung hörten, um solche Dinge zu tun. Sie taten das in aller Stille und es gab eine Gruppe von Priestern, die Ihnen half, aber die Technologie nicht kannte. Sie hörten auf die Führung und haben dafür gesorgt, dass die Frequenzen, die einige dieser Pyramiden ausstrahlen, über Jahrmillionen erhalten blieben, und dazu haben Sie sich immer wieder reinkarniert, wenn es nötig war. Diese Arbeit ist schon lange keine Bußeübung mehr für Sie, sondern wurde zu etwas, wodurch Sie – und hier ist die Sprache schwierig zu verstehen – ein Leben in Freude führen können, erfüllt von Lebensfreude sein können, in Freude existieren können.

Es ist zu Ihrer Lebensfreude geworden. Es ist zur Leidenschaft Ihrer Seele geworden. Sie können nicht damit aufhören, weil Sie dadurch soviel Freude und Erregung erleben. Während dreier abwärts gerichteter Zyklen …

Haben Sie dazu irgendwelche Fragen?

Dr. Sam: *Warum ist es mir gerade jetzt gestattet, die versiegelten Tunnel wieder zu öffnen?*

Lois: Oh, es ist einfach an der Zeit. Es ist der richtige Zeitpunkt. Es ist Ihnen erlaubt, hineinzugehen und die Technologien wieder ans Licht zu bringen – die meisten, aber nicht alle. Für einiges ist es noch zu früh. Sie werden nicht mal alles finden. Nicht in diesem Leben. Sie werden später zurückkehren und noch mehr tun, aber heute geschieht es, weil wir dies jetzt brauchen und einigermaßen bereit dazu sind.

Und auch, weil bald Lichtwesen auf diesen Planeten kommen werden, die uns wieder Dinge lehren werden, die wir vergessen haben – Dinge, die wir brauchen, um in einer galaktischen Gemeinschaft zu leben.

So, möchten Sie jetzt etwas über die Leben hören, die Sie in Mexiko verbrachten?

Dr. Sam: *Okay.*

Lois: Dort gibt es ebenfalls Pyramiden. Früher gab es viel mehr. Viele wurden abgetragen, weil die Armen dort das Baumaterial brauchten und nicht wussten, was sie damit anrichteten. Aber gewisse Tempel sind erhalten geblieben. Sie wurden dank Ihrer Bemühungen und der Bemühungen einiger Mitglieder Ihrer Mannschaft bewahrt, die immer wieder mit Ihnen zusammen zurückkommen beziehungsweise reinkarnieren.

Harry Oldfield gehört übrigens zu Ihrem Team.

Also, in Mexiko haben Sie sich eine Zeit lang mit den Maya verbündet. Ich höre gerade, dass das eine völlig andere Geschichte ist … nämlich, woher die kamen.

Sie haben mit einigen Mayas zusammengearbeitet, um gewisse Dinge zu bauen und gewisse Aufgaben zu erfüllen. Sie besaßen ebenfalls eine Menge hoch entwickelter, spiritueller Technologie. Im Laufe mehrerer Leben kamen Sie und andere, die Mayas gewesen waren, immer wieder zurück und sorgten dafür, dass alles gesichert wird ... Sie kamen zurück, verstehen Sie ... als Priesterschamanen ... um sicherzustellen, dass alles weiterhin richtig funktionierte, und Sie hörten in all dem auf die Führung.

Sie dachten, Sie täten bloß das, was die Geister Ihnen befahlen, denn damals befanden wir uns an einem Punkt innerhalb des Zyklus, wo man für die Leute nichts Besseres tun konnte, als dafür zu sorgen, dass die Geister zu ihnen sprachen.

Haben Sie noch Fragen zu Ihrer Arbeit mit den Mayas?

Dr. Sam: *Als ich in den verschiedenen Ländern die Wege beschritt – in Honduras, Guatemala, Belize, Mexiko und so weiter –, folgte ich da manchmal den früheren Pfaden?*

Lois: Oh ja: diese weißen Steinpfade? Sie haben mitgeholfen, sie zu bauen. Sie haben die Pläne dafür gemacht. Sie haben Sie nicht physisch selbst mitgebaut. Aber ja, durchaus. Sie sind über Straßen gegangen, die Sie selbst vor langer Zeit geplant hatten.

Dr. Sam: *Auch in Copán in Honduras?*

Lois: Mit Sicherheit, höre ich gerade. Irgendwann einmal waren sie nämlich alle irgendwie miteinander verbunden. Die Energiemuster existieren immer noch, obwohl inzwischen andere Dinge darauf gebaut wurden, etwa gepflasterte Straßen, Gebäude und Fußballfelder. Aber die energetischen Kräfte existieren noch. Sie funktionieren nach wie vor, diese Straßen, sie sind das Einzige, das in keiner Weise zerstört wurde. Manche Tempel werden abgerissen und ihr Baumaterial wird dazu benutzt, Kirchen und

Postämter und so weiter zu bauen. Aber die energetischen Kräfte der Straßen funktionieren noch.

Ich höre, dass es so etwas Ähnliches war wie ein Feld von Sonnenkollektoren. Sie mögen Risse bekommen, aber sie funktionieren trotzdem weiter. Die Einzelteile funktionieren noch.

Ergibt das für Sie einen Sinn?

Dr. Sam: *Folgen diese Straßen den energetischen Leylinien?*

Lois: Ich höre: Ja, aber es hängt noch mehr damit zusammen. Aufgrund der Art, wie sie angelegt waren, erzeugten die Straßen selbst Energie, genau wie Leylinien es tun, indem sie bestimmte Punkte auf den Leylinien anzapften – Knotenpunkte, und … okay: Strecken? Sie wissen ja, dass man sagt, ein Würfel habe eine bestimmte Strecke oder Seitenlänge, und wenn man ein kubisches Maß benutzt – wie im Alten Testament –, dann erzeugt der Würfel eine gewisse Energie … so ähnlich war es. Sie verwendeten gewisse Streckenmaße und die erzeugten dann eine andere Energie, die sie aus den Leylinien zogen.

Dr. Sam: *Sind die Maya genetisch in direkter Linie mit späteren Kulturen wie den Anasazi verbunden?*

Lois: Ja. Und mit den Hopi und den Cherokee. Und deshalb ist ihr genetisches Material natürlich überall verteilt.

Dr. Sam: *Warum sind die Anasazi verschwunden und wohin sind sie gegangen?*

Lois: Sie wollten, dass es so aussah, als sei ihnen die Nahrung ausgegangen. Als hätten sie ein bestimmtes Gebiet leer gejagt, so dass es nichts mehr gab, wovon sie sich ernähren konnten.

Aber in Wahrheit wurden sie abgezogen. Sie wurden einfach auf dem Luftweg evakuiert. Warum? Nun ja ... Da gibt es diese Wesen, die regelmäßig herkommen von ... Ich darf hierzu keinen Namen sehen, es gibt da einen Ort ... und sie haben Fluggeräte, die wie Stealth-Bomber aussehen, und die wollten die Anasazi vernichten. Sie hinterließen anderen Stämmen Informationen und einiges davon befindet sich immer noch unter der Erde, in Form von Piktogrammen in Höhlen, die bisher nicht entdeckt wurden.

Die Anasazi wurden abgezogen, weil sie hier nicht mehr in Sicherheit waren, und tatsächlich hatten sie auch alles erreicht, was sie erreichen mussten. Sie lagerten Dinge unter der Erde, die wir später brauchen werden – Informationen.

Ja, jetzt sagt man mir, dass wir uns mit dem nächsten Leben befassen sollen, denn ich glaube, Sie wollten ein bisschen mehr über die Frau hören, mit der Sie jetzt verheiratet sind.

(Dr. Sam kichert.)

Sie gehörte zu Ihrer Mannschaft und Sie haben viele Leben mit ihr verbracht, in denen es darum ging, gemeinsam an diesen Pyramiden zu arbeiten und ihre Lebensaufgaben zu erfüllen. Aber Ihre Geistführer und der Hüter der Chroniken möchten, dass Sie über ein anderes Leben etwas erfahren, bevor mir die Energie ausgeht – ein Leben, das Sie beide in einer sehr ländlichen Umgebung verbrachten.

Sie liebten einander von Kindheit an und es war Ihnen erlaubt, sich einfach miteinander des Lebens zu freuen und sich aneinander zu erfreuen und Kinder zu haben. Ich erkenne die Zivilisation nicht, aber es war vor sehr langer Zeit und es gab da Menschen, die für Sie arbeiteten und den Boden bestellten und für die Tiere sorgten – und Sie beide waren eine Art gütige Lehnsherren, so etwas wie Elternfiguren. So ähnlich, wie es heute in Mexiko unter Bauern und Gutsherren üblich ist, wissen Sie? Sie waren die Gutsherren und zwischen Ihnen bestand eine wunderschöne, äußerst leidenschaftliche Beziehung, die sehr, sehr lange anhielt. Sie erreichten beide ein sehr hohes Alter.

Sie wuchsen zusammen auf … Sie verliebten sich schon als sehr junge Erwachsene … Sie heirateten, bekamen Kinder und es fehlte Ihnen niemals an irgendetwas, das wurde Ihnen geschenkt und es gab mehr als ein solches Leben. Die wurden Ihnen geschenkt, damit Sie auch weiterhin die spirituelle Energie hatten, den guten Kampf zu führen – damit Sie weiterhin die Kraft hatten, eine Zivilisation aus der Asche wiederaufzubauen und sie während des Niedergangs zu schützen, und zwar durch Ihre Arbeit an den Pyramiden.

Sie sind schon seit sehr langer Zeit mit dieser Frau zusammen und man hat Ihnen beiden erlaubt, an diesem Punkt Ihrer beider Leben zusammenzukommen, um Sie für all Ihre harte Arbeit zu belohnen, denn jetzt sind Sie alt genug und wissen, wie wichtig Ihre Arbeit ist, so dass Sie von Ihrer Liebe zu ihr nicht abgelenkt werden.

Lois Wetzel:
Überlegungen zu dieser Rückführung

Da ich intuitiv arbeite, weiß ich aus eigener Erfahrung und durch die Geschichten meiner Klienten und Freunde, dass Menschen einander auf der spirituellen Ebene »erkennen«. Ich zweifle nicht daran, dass wir spirituelle Familien haben und dass manchmal Menschen extra in unser Leben treten, um uns bei einer Aufgabe, während eines Ereignisses oder sogar im ganzen Leben zu helfen. Es kann auch sein, dass diese Person uns beim Lernen einer Lektion helfen soll – was nicht immer eine schöne Erfahrung ist.

Für Sabina und Dr. Sam gibt es eine Vergangenheit, eine Gegenwart und eine Zukunft, denen ein zentrales Thema gemeinsam ist: der Menschheit bei der Erweiterung des Bewusstseins zu helfen. Die Entdeckung der bosnischen Pyramiden wird sich auf lange Sicht als äußerst wichtiger Schlüssel zu unserem kollektiven »Wissen« herausstellen. Wir sollten uns der Enthüllung des Wissens und der Geschenke mit Ehrfurcht nähern.

Der Prozess ist in guten Händen.

Dr. Sams Anmerkungen

Ja, ich kann bestätigen, dass ich, als ich Sabina begegnete, ein sehr starkes Gefühl des Wiedererkennens hatte, und mein Gefühl sagt mir auch, dass wir dazu bestimmt sind, zu diesem Zeitpunkt zusammen zu sein. Ich habe in diesem Leben Vettern und Kusinen, denen ich sehr nahe bin, und Harry Oldfield trägt viel Wichtiges zu meinem Leben und meiner Arbeit bei. Ich spüre auch, dass viele Menschen sich sehr stark zu diesem Projekt hingezogen fühlen, und auch dafür bin ich dankbar. Es hat einige Personen gegeben, die meiner Ansicht nach sehr übertrieben gegen dieses Projekt eingestellt waren, und ihre Handlungsweise kann ich mir objektiv betrachtet und aus dieser Lebensrealität heraus nicht erklären.

Abschließende Worte

Es steht außer Frage, dass Dr. Sam eine Leidenschaft für Pyramiden, uralte Fundstätten und besonders für seine Entdeckung in Bosnien besitzt. In den Channelings war ein sehr weit verbreitetes Thema, dass unsere Spezies für all die Informationen, die die bosnischen Pyramiden uns zukünftig geben werden, noch nicht ganz bereit ist.

Wenn ich die Möglichkeit hätte, eine Gelegenheit herbeizuführen, die den Menschen auf der Erde die Chance gibt, diese Informationen downzuloaden, und wenn dann jemand wie Dr. Sam dem Plan ein bisschen vorauseilen würde, dann wäre es sinnvoll, eine Situation zu erschaffen, die einen Teil seiner Leidenschaft anderswo hinlenkt. Und da kommt Sabina ins Spiel – mit ihrem Spirit, den er, wie er selbst zugibt, sofort erkannt hat und von dem er sich auf Anhieb angezogen fühlte. Aufgabe erfüllt – Leidenschaft umgelenkt.

Das wirklich Gute an all dem ist, dass sie ihm eine Partnerin ist, die seine Leidenschaft für die bosnischen Pyramiden unterstützen und ihm bei seiner Aufgabe sogar helfen wird, da sich dies mit ihrer eigenen Mission deckt. Und deshalb schreitet er weiter voran, aber vielleicht nicht mehr ganz so stur wie in den Tagen, bevor er Sabina begegnete.

Und was dieses Buch angeht und die Experimente mit den Channelmedien … Sie sollten die wahren Ursprünge prähistorischer Anlagen enthüllen. Dieses Experiment wollten wir wagen – und das Ergebnis erwies sich, zumindest in meinen Augen, tatsächlich als so eindrucksvoll, wie es mir anfangs erschienen war. Es ging sogar weit über meine Erwartungen hinaus. Als ich mir die Aussagen anhörte, erklangen in mir immer wieder Glocken und verkündeten Freudenschreie wie: »*Das ist wichtig!*«

Aber abgesehen von der wissenschaftlichen Seite muss ich sagen, war ich ohnehin immer jemand, der sich persönlich nicht vorzustellen vermochte, wie man ein Foto von der bosnischen Sonnenpyramide betrachten kann, ohne eine Pyramide darauf zu erkennen. Doch jetzt haben wir dank dieser Channelings neue wissenschaftliche Fakten gesammelt, und jede einzelne davon ist wichtig, nicht nur in Bezug auf das bosnische Pyramidenprojekt. All diese Fakten werden weitere Informationen enthüllen, von denen ich hoffe, dass wir, als Spezies, sie mit dem gebührenden Respekt behandeln werden.

Noch etwas: Ich habe das Gefühl, zu den wichtigsten und akkuratesten Informationen aus den Channelings über die bosnische Fundstätte gehört der Teil über die Verjüngungs- und Heilkraft dieser Pyramiden. Wenn wir dazu bereit sind, werden sie uns helfen zu heilen und zu wachsen und mehr im Einklang mit dem spirituellen Selbst zu leben.

Wir alle, die wir an diesem Projekt beteiligt waren, haben Dr. Sam übrigens oft damit aufgezogen, dass er »jedes Mal, wenn wir ihn sehen, zehn Jahre jünger aussieht«. Vielleicht steckt sogar etwas Wahres hinter dieser ständigen Frotzelei. Als ich selbst das Tal der bosnischen Pyramiden besuchte, spürte ich dort wirklich eine ganz besondere Energie. Damals hatte ich schon etwa fünf Monaten am Manuskript dieses Buches gearbeitet und war deshalb auf die Anlage vorbereitet – aber nicht auf die Grandiosität der Ausgrabungsstätte.

Bosnien ist ein wunderschönes Land voller sehr freundlicher Menschen und ich lebte am Fundort selbst, zusammen mit den vielen freiwilligen Mitarbeitern, die dort eine Art virtuelle »Vereinte Nationen« bilden. Mehrere Personen erzählten mir, sie hätten geplant, eine Woche zu bleiben, und seien nun schon einen ganzen Monat hier. Ich verstehe, wie es dazu kam, denn auch ein Teil von mir wäre gerne länger geblieben.

Zweifellos werden viele Leute den Aussagen in diesem Buch skeptisch gegenüberstehen, aber ich kann ehrlich sagen: Nach allem, was ich durch die Zusammenarbeit mit Dr. Sam Osmanagich über alte Fundstätten gelernt habe, fand ich in den Channelings sehr wenig, das mir weiter hergeholt erscheint als viele der heutigen wissenschaftlichen Theorien.

Seit der Entdeckung der Pyramiden im Jahr 2005 hat Dr. Sam die Fundstätte systematisch ausgegraben, je nachdem, wie viel Zeit und Geld dafür zur Verfügung standen. Außerdem hat er eine gemeinnützige Organisation gegründet: The Bosnian Pyramid of the Sun Foundation, und die Leser sind herzlich eingeladen, ihre Webseite www.piramidasunca.ba zu besuchen, um sich weiter über die wissenschaftlichen Forschungsergebnisse auf dem Laufenden zu halten und die Berichte zu lesen, die das Projekt und die Arbeit erläutern. Seit 2010 hat die Organisation Freiwillige aus der ganzen Welt gesponsert, die bei den Ausgrabungen vor Ort mitarbeiten. Dies war äußerst erfolgreich und die erhaltene Unterstützung und Hilfe waren unschätzbar. Auch Einzelheiten über das Sommercamp sind auf der Webseite erhältlich.

Peggy Sue Skipper

Dr. Sam und Peggy Sue bei Vermessungsarbeiten im September 2010 auf dem Gelände der bosnischen Pyramiden.

Glossar

zusammengestellt von Sam Osmanagich

Alchemie

Das Wort kommt vom Arabischen *al-kimia*. Es ist sowohl eine Philosophie als auch die Suche nach einer Methode, mindere Metalle in Gold zu verwandeln, das »Lebenselixier« zu mischen und die letzte Weisheit zu erlangen. Dazu muss sich der Alchimist selbst transformieren sowie verschiedene Substanzen herstellen, die angeblich ungewöhnliche Eigenschaften besitzen. Der praktische Aspekt der Alchemie wurde zur Grundlage der modernen anorganischen Chemie, was die Arbeitsweise, die Ausrüstung sowie die Identifizierung und Nutzung vieler heute gebräuchlicher Substanzen angeht. Bis ins 20. Jahrhundert hinein wurde Alchemie im alten Ägypten, in Mesopotamien (dem heutigen Irak), Indien, Persien (dem heutigen Iran), China, Japan, Korea, der klassischen griechisch-römischen Welt sowie in den mittelalterlichen islamischen und europäischen Kulturkreisen betrieben. Seit mindestens 2.500 Jahren existiert ein komplexes Netzwerk alchimistischer Schulen und philosophischer Systeme.

Anasazi

Dieses uralte Pueblovolk, genauer gesagt die Ahnen der Pueblo-Indianer, war eine amerikanische Eingeborenenkultur, deren Zentrum im heute so genannten einzigen »Vierländereck der Vereinigten Staaten« lag. Dazu gehören Utah, Nord-Arizona, das nordwestliche Neumexiko und ein Teil von Colorado. In der Archäologie wird diese Kulturgruppe häufig als Anasazi bezeichnet, obwohl die modernen Pueblo diesen Begriff nicht schätzen. Das Wort *Anasazi* stammt aus der Navaho-Sprache und bedeutet »die Uralten« oder »uralter Feind«. Die Archäologen debattieren noch immer darüber, woher diese unvergleichliche Kultur stammte, aber heute hat man sich auf die sogenannte Pecos-Klassifizierung geeinigt, laut der sie um 1.200 v. Chr. auftauchte, zur Zeit der archäologisch als Korbmacher II definierten Epoche. Schon seit den ersten Forschungen und Ausgrabungen gehen die Forscher davon aus, dass die alten Pueblo die Vorfahren der modernen Pueblo sind. Die meisten modernen Pueblo bezeichnen dieses alte Volk als ihre Ahnen.

Anunnaki

Andere Schreibweisen sind »Anunna«, »Anunnaku« und »Ananaki«. Es handelt sich um eine Gruppe von sumerischen, akkadischen und babylonischen Gottheiten. Die verschiedenen Schreibweisen betonen alle mehr oder weniger stark die Bedeutung »diejenigen von königlichem Blut« oder »fürstliche Nachkommen«.

Atlantis

Dieses griechische Wort für »Insel des Atlas« bezeichnet eine legendäre Insel, die zum ersten Mal in Platons Dialog *Timaios und Kritias* erwähnt wird. Die mögliche Existenz eines echten Atlantis wurde während der ganzen klassischen Antike diskutiert, doch meist zurückgewiesen und von späteren Autoren manchmal parodiert. Der Name wurde zu einem Beiwort für sämtliche angenommenen, prähistorischen, verlorenen Zivilisationen.

Guanchen

Der heute ausgestorbene Volksstamm der Guanchen, manchmal auch »Guanchis« oder »Guanchetos« genannt, bildete die ersten Bewohner der Kanarischen Inseln. Dorthin wanderten sie irgendwann zwischen 1.000 und 100 v. Chr. ein, vielleicht auch früher. Ihre Eingeborenenkultur ist inzwischen verschwunden, aber es finden sich immer noch Spuren davon, zum Beispiel in der Pfeifsprache El Silbo auf der Insel La Gomera.

Ledicus

Unsere Nachforschungen erbrachten hierzu keine Ergebnisse.

Lemurien

Hierbei handelt es sich um ein hypothetisches »verlorenes Land«, das entweder im Indischen oder im Pazifischen Ozean vermutet wird.

Maya

Diese mittelamerikanische Zivilisation ist vor allem für die einzige voll entwickelte Schriftsprache im präkolumbianischen Amerika berühmt sowie für ihre Kunst, ihre Architektur und ihre mathematischen und astronomischen Leistungen. Laut der mittelamerikanischen Chronologie wurde sie während der vorklassischen Epoche zwischen 2.000 v. Chr. und 250 n. Chr. gegründet. Viele Mayastädte erreichten ihre Blüte während der klassischen Epoche zwischen 250 und 900 n. Chr. und hielten sich die ganze nachklassische Epoche hindurch bis zur Ankunft der Spanier. Auf ihrem Höhepunkt gehörten die Maya zu den kulturell dynamischsten Gesellschaftsformen und ihr Gebiet zu den am dichtesten besiedelten der Welt.

Mysterienschulen

Mysterienreligionen, heilige Mysterien oder einfach Mysterien, was so viel wie »Geheimnisse« heißt, waren religiöse Kulte in der griechisch-römischen Welt, an denen nur Eingeweihte teilnehmen durften. Diese Religion zeichnete sich vor allem durch die Geheimnisse aus, die die Einzelheiten der Einweihung und der kultischen Praktiken umgaben, die Außenstehenden nicht enthüllt werden durften. Die berühmtesten Mysterien im griechisch-römischen Altertum waren die Eleusinischen Mysterien, deren uralte Ursprünge bis vor das griechische Mittelalter zurückreichen.

Orion

Oft auch »der Jäger« genannt, ist Orion eine deutlich erkennbare Sternenkonstellation am himmlischen Äquator, die auf der ganzen Erde sichtbar ist. Sie gehört zu den größten, auffälligsten und deutlichsten

Konstellationen des Nachthimmels. Der Name geht auf den Jäger Orion aus der griechischen Mythologie zurück.

Petalene

Unsere Nachforschungen erbrachten hierzu keine Ergebnisse.

Plejaden

Auch »Die sieben Schwestern« genannt, sind die Plejaden (Messier-Objekt 45) ein offener Sternenhaufen, der einen heißen B-Stern mittleren Alters beinhaltet. Dieser Typ-B-Stern befindet sich im Sternbild Stier. Die Plejaden gehören zu den der Erde nächsten Sternenhaufen und sind am Nachthimmel mit bloßem Auge am deutlichsten sichtbar. Verschiedene pseudowissenschaftliche Behauptungen wurden im Zusammenhang mit ihnen aufgestellt. Erich von Däniken behauptete, dass Außerirdische von den Plejaden zur Erde reisten und von den Inka angebetet wurden.

Pythagoras von Samos

Die meisten Informationen, die wir über Pythagoras von Samos besitzen, wurden erst Jahrhunderte nach seiner Zeit aufgeschrieben, so dass wir nicht viel Faktisches über ihn wissen. Er kam auf der Insel Samos zur Welt und reiste in seiner Jugend viel, wobei er auf der Suche nach Wissen sowohl Ägypten als auch andere Orte aufsuchte. Heute ist er vor allem bekannt als ionischer, griechischer Philosoph und Gründer der religiösen Bewegung der Pythagoräer.

Qui Gong

Dieser Begriff aus dem Mandarin bezeichnet verschiedene weltweit beliebte chinesische Trainingsmethoden des Körpers und des Geistes, die mit der Gesundheit, den Kampfkünsten und dem Weg zur Erleuchtung zu tun haben.

Ra

Manchmal auch Ré geschrieben, handelt es sich bei Ra um den Sonnengott des alten Ägypten. In der fünften Dynastie war er zu einem Hauptgott der altägyptischen Religion geworden. Er wurde vor allem mit der Mittagssonne identifiziert. Die Bedeutung des Namens ist ungewiss, man nimmt aber an, dass er, wenn er nicht »Sonne« bedeutet, auf Worte hinweist oder mit ihnen verwandt ist, die »kreativ« bedeuten.

Rassen der Menschheit

Laut einer Hypothese von Helena Petrovna Blavatsky gab es fünf menschliche Grundrassen auf der Erde: die weiße, gelbe, schwarze, rote und braune Rasse. Über die Wahrheit dieser Hypothese wird viel gestritten und debattiert.

Sirius

Mit einer visuellen Leuchtkraft von 1.46 ist der Sirius der hellste Stern am Nachthimmel und fast doppelt so hell wie Canopus, der nächsthellste Stern. Der Name Sirius entstammt dem altgriechischen »Seirios« (Verbrenner). Der Stern trägt die Bayer-Bezeichnung Alpha Canis Majoris (α CMa). Was das bloße Auge als Einzelstern wahrnimmt, ist in Wirklichkeit ein binäres Sternensystem, bestehend aus einem weißen Hauptsequenzstern vom spektralen Typus A1V, der als Sirius A bezeichnet wird, und einem blassen weißen Zwergbegleiter des spektralen Typus DA2, genannt Sirius B.

Tai Chi Chuan

Wörtlich übersetzt »mächtigste, ultimative Faust«, handelt es sich bei Tai Chi Chuan um eine chinesische Kampfkunst, die sowohl aus gesundheitlichen als auch aus vielen anderen persönlichen Gründen ausgeübt wird. Zu den Anreizen gehören die vorhandenen Techniken für hartes und weiches Material, die Schaukämpfe und die dadurch geförderte Langlebigkeit. Entsprechend gibt es eine Unmenge verschiedener Trainingsmethoden, traditionelle wie auch moderne, die jeweils mit diesen Zielen korrespondieren. Manche Methoden sind im Westen sehr bekannt, darunter die zeitlupenartigen Bewegungsabläufe, die auf der ganzen Welt, aber vor allem in China, jeden Morgen von Menschengruppen in Parks geübt werden.

Peggy Sue Skipper wurde in Houston, Texas, geboren und wuchs dort hauptsächlich als »Ölfeld-Gör« auf. In 30 Ehejahren zogen ihre Eltern mit ihr 32 Mal um. Schon vor dem Abitur lebte sie in Venezuela, Paris und London. So konnte sie bereits früh Kulturen und Einstellungen zum Leben, die sich von denen in den USA unterschieden, aus erster Hand erleben. Sie besuchte die University of Houston, um Pädagogik zu studieren, aber während ihres Studiums zog es sie in die Reisebranche, wo sie 22 Jahre lang hauptsächlich im Management großer Reisebüros tätig war. Dort entwickelte sie ihr Talent für Teambildung, Problemlösung und Motivation von Mitarbeitern.

1996, als Vice President of Operations für ein großes Reiseunternehmen, begann sie ein Studium bei Richard Unger vom Internationalen Institut für Handanalyse. Diese Technik wurde zu ihrer Leidenschaft. Zwei Jahre später zog sie sich aus der Reisebranche zurück, um Menschen dabei zu helfen, ihren Lebenssinn zu finden. 2004 veröffentlichte sie *The Art of Conscious Evolution*, das von der Kunst der Bewusstseinsentwicklung handelt, und 2009 ihr zweites Buch, *Love Signs*, über die Astrologie der Beziehungen. Internationaler Erfolg stellte sich mit dem vorliegenden Buch ein, das gemeinsam mit Sam Osmanagich entstand. Von 2005 bis 2007 produzierte und moderierte sie Public Affairs-TV-Shows für ION Media Networks. Sie gründete auch das Spirit Boot Camp, ein sechswöchiges Trainingsprogramm, um die bewusste Entwicklung des Menschen zu unterstützen.

Mittlerweile betreibt sie mit Rita Mills das Projekt New Era Productions, das unserer Welt ein leichteres Verständnis von Wahrheit vermitteln soll und zu dem eine globale Online-Zeitung, eine Radioshow und ein kostenloser TV-Kanal gehören.

www.TNETimes.com